케이팝 철학을 만나다

케이팝, 철학을 만나다

공규택 지음

Humanist

시대와 철학을 담은 케이팝

'이 노래, 왠지 내 이야기 같아.' 누구나 한 번쯤 이렇게 느껴본 적이 있을 겁니다. 어떤 노래는 길 잃은 청춘에게 이정표가 되고, 막막한 현실을 맞닥뜨린 누군가에게는 어둠을 밝히는 등불이 되며, 또 어떤 노래는 치유와 성장의 계기가 되기도 합니다.

우리가 무심코 흥얼거리는 노래에는 인간에 대한 깊은 이해와 시대 의식, 삶을 성찰하는 철학적 사유가 담겨 있습니다. 그리고 사랑과 이별, 청춘과 상처, 욕망과 자유, 꿈과 현실 같은 주제들이 담긴 한 편의 시이자 이야기이며, 집단 기억을 품은 문화 텍스트입니다.

이 책은 널리 사랑받은 케이팝 노랫말을 철학적·인문학적 관점으로 분석하며, 그 속에 흐르는 삶의 의미를 풀어냅니다. 철학에서 '존재론'과 '인식론'이 인간과 세계를 이해하는 근본적인 방식이듯, 케이팝에도 그러한 철학적 사유의 분기가 뚜렷하게 나타납니다. 그래서 1장과 2장에서는 고통, 외로움, 사랑, 상실과 같은 '인간 존재'에 초점을 둔 노래를, 3장과 4장에서는 세계와 타인에 대한 '인식론적 성찰'이 드러나는 노래를 골라 엮었습니다.

이 책을 통해 한 곡의 노래가 어떤 철학적 의미를 담고 있는지, 어떻게 우리의 감정을 자극하는지, 어떻게 사회적 문제를 비추는지 등을 깊이 생각해 볼 수 있습니다. 이는 케이팝의 깊이를 재발견하는 여정이며, 인간이라는 존재의 미묘함과 아름다움, 세상과 사회의 모습을 들여다보는 인문학적 탐험이 될 것입니다.

나아가 이 책은 교육 현장에서 감정 교육(공감 능력, 언어 감수성 함양 등)을 위한 훌륭한 자료가 될 뿐 아니라 시나리오, 수필, 비평, 시 등 다양한 글쓰기 활동의 기초 자료로 활용할 수 있으며, 청소년의 자기 성찰과 문해력 신장에도 기여할 수 있습니다.

지금도 TV와 라디오, 인터넷 등의 대중매체를 통해 수많은 노래가 흘러나오고 있습니다. 그러나 그 노래들을 제대로 듣고 읽고 해석하는 기회는 생각보다 드뭅니다. 이 책이 노랫말이라는 언어 예술의 세계로 더 깊이 들어가는 하나의 문이 되기를 바랍니다. 나아가 각자의 삶 속에 흘러들어 있는 노래의 의미를 새롭게 조명해 보는 기회가 되기를 희망합니다.

차례

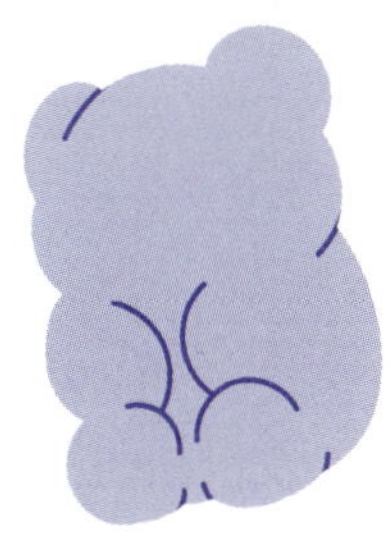

4장. 사람과 세상을 보는 눈

1장

나는 누구인가?

"되려고 하는 자는 끊임없이 생성된다."
_들뢰즈

노래: 아이브 | 작사: 김이나

다른 문을 열어
따라갈 필요는 없어
넌 너의 길로, 난 나의 길로
하루하루마다 색이 달라진 느낌
밝게 빛이 나는 길을 찾아

I'm on my way. 넌 그냥 믿으면 돼
I'm on my way. 보이는 그대로야

너는 누군가의 Dreams come true
제일 좋은 어느 날의 데자뷰
머물고픈 어딘가의 낯선 뷰
I'll be far away

That's my
Life is 아름다운 갤럭시
Be a writer, 장르로는 판타지
내일 내게 열리는 건 big big 스테이지
So that is who I am

Look at me now
어제랑 또 다른 짜릿한 나

두려운 모든 게 설레이게
I'm in sky high, OMG

사소한 건 다 아득해져 와
Look at me now
I'm on fire

I'm on my way. 넌 그냥 믿으면 돼
I'm on my way. 보이는 그대로야

너는 누군가의 Dreams come true
제일 좋은 어느 날의 데자뷰
머물고픈 어딘가의 낯선 뷰
I'll be far away

That's my
Life is 아름다운 갤럭시
Be a writer, 장르로는 판타지
내일 내게 열리는 건 big big 스테이지
So that is who I am

어느 깊은 밤, 길을 잃어도
차라리 날아올라, 그럼 네가
지나가는 대로 길이거든
one two three, one two three, one two three
Fly up

I hope you'd be someone's dreams come true
제일 좋은 어느 날의 데자뷰
머물고픈 어딘가의 낯선 뷰
I'll be far away

That's my
Life is 아름다운 갤럭시
Be a writer, 장르로는 판타지
내일 내게 열리는 건 big big 스테이지
So that is who I am

- I'm on my way (나는 나의 길을 가)

- I'll be far away (나는 저 멀리 있을 거야)

- Be a writer (작가가 돼)

- So that is who I am (그래, 그게 바로 나야)

- I'm in sky high, OMG (나는 하늘 높이에 있어, oh my God)

- I'm on fire (나는 잘나가고 있어)

- Fly up (날아올라)

- I hope you'd be someone's dreams come true (나는 네가 누군가의 꿈이 되어주었으면 해)

존재와 앞날에 대한
믿음

나는 누구일까? 나는 어떤 사람이 되고 싶은 걸까? 나는 지금 잘 가고 있는 걸까? 이처럼 삶의 방향을 찾고 정체성을 고민하는 시기에, 아이브의 노래 〈I AM〉은 단단하고도 다정한 목소리로 이야기합니다.

다른 문을 열어, 따라갈 필요는 없어

넌 너의 길로, 난 나의 길로

이 말은 누군가가 이미 만들어 둔 길이 아니라 자기만의 길을 선택하라는 용기와 믿음을 심어줍니다.

또 이 노래는 자기 확신이나 긍정의 메시지를 넘어서, 삶을 살아가는 방식에 대한 철학적 성찰도 담고 있어요.

I'm on my way

넌 그냥 믿으면 돼. 보이는 그대로야

여기서 '믿음'은 막연한 낙관이 아니라 자신의 가능성과 존재 자체를 받아들이는 깊은 신뢰를 뜻합니다. 프랑스의 철학자 사르트르는 **인간은 먼저 존재하고 그 후에 스스로를 정의한다**고 했어요. 존재가 본질보다 앞선다는 그의 말처럼, 〈I AM〉은 우리 모두 '먼저 존재한' 자신을 인정하고 거기서부터 삶을 써 내려가야 한다고 노래합니다.

이 노래에는 반복되는 말들이 있어요.

Dreams come true, 데자뷰, 갤럭시, 판타지, big big 스테이지

이 말들은 모두 현실을 넘어서 새로운 차원의 삶을 향해 나아가려는 의지와 관련되죠. **Life is 아름다운 갤럭시**라는 말은 우리 인생을 우주처럼 광활하고 다채로운 것이라 상상하게 만들어요. 이는 현실의 무게에 눌린 우리에게 필요한 상상력이고, 앞으로의 시간을 '열어두는' 개방적인 태도이기도 합니다.

Be a writer, 장르로는 판타지

이 말은 우리 삶을 한 권의 이야기책처럼 여길 수 있다는 통찰을 전달해요. 여기서 중요한 점은, 내 삶의 작가는 '나'라는 생각입니다. 독일의 철학자 니체는 **인간은 끊임없이 자기 극복을 통해 더 나은 존재로 나아가야 한다**고 했어요. '판타지'는 현실을 부정하는 말이 아니라, 더 나은 내가 될 수 있다는 창조적 믿음을 의미하죠. 그러니까 이 노래는 현실에 순응하기보다는 스스로 삶의 세계관을 새롭게 구축해 나가려는 용기를 이야기하는 내용이에요.

어제랑 또 다른 짜릿한 나, 두려운 모든 게 설레이게

이 노래의 매력 중 하나는 '두려움'을 새로운 감정으로 바꾸는 방식입니다. 우리는 흔히 새로운 것을 시작할 때 불안하고 조심스러워지기 마련이죠. 그러나 노래 속 화자는 불확실성과 도전을 부정하지 않고, 오히려 그것을 '설렘'으로 전환해요. 마치 깊은 밤에 길을 잃었을 때 하늘을 올려다보며 오히려 날아오르고 싶다는 생각이 드는 순간처럼요.

차라리 날아올라, 그럼 네가 지나가는 대로 길이거든

하늘엔 정해진 길이 없으니, 어떤 방향으로든 갈 수 있고 지나는 대로 길이 된다는 말입니다. 사람들은 대개 자신이 처한 상황에 불만이 있지만, 그런 현실에 안주하며 살아가죠. 도전에 대한 부담감, 실패에 대한 두려움 때문일 거예요. 이 구절은 그런 이들에게 용기를 한번 내보라고 권하는 말처럼 들립니다. 누구나 가능성을 지닌 존재이고 길을 찾을 수 있다는, 인간에 대한 믿음이 느껴져요.

I hope you'd be someone's dreams come true

이 부분은 우리가 살아가면서 다른 사람에게 힘이 될 수도 있다는 가능성을 암시합니다. 삶이라는 여정에서 내 존재 자체가 누군가에게 용기와 위로가 될 수 있다는 것이죠. 우리가 스스로를 믿고 사랑할 때 그 진심이 타인에게도 전해질 수 있다는 따뜻한 메시지입니다.

So that is who I am

반복되는 이 선언은 이 노래 전체의 철학을 담고 있어요. 이 문장은 아직 완벽하지 않아도 괜찮고, 정해진 길이 없어도 괜찮으며, 흔들리며 나아가는 그 모습이 바로 '진짜 나'라는 자기 인식의 힘을 보여줍니다. 우리 모두는 불완전하지만, 그 불완전함 속에서 끊임없이 자신을 발견하고 새로움을 만들어 가는 존재이죠. 그리고 그 여정의 어느 순간, 문득 자신에게 이렇게 말하게 될 거예요. "그게 바로 나야."라고.

〈I AM〉은 단순한 자기 긍정을 넘어서, 진정한 자기 발견과 삶의 태도에 대한 인문학적·철학적 선언입니다. 지금 여러분이 걷고 있는 길이 왠지 낯설고 불안하게 느껴진다 해도, 여러분은 분명 자신만의 'big 스테이지'를 향해 가고 있는 겁니다. 이 순간에도 여러분의 '갤럭시'가 조금씩 빛을 더해 가고 있다는 사실을 잊지 마세요.

Break The Wall (2024)

노래: 엔믹스 | 작사: 오현선, 박지현

Right now, 끝없이 우리를 위해 펼쳐질 세상
Cause now we break all the walls
We break all the

두 눈을 꼭 감고서 그려진 마음속 선명한 지도 위
Yeah, 난 알아 where to go

숨이 턱까지 차오르게 둘래, 더 힘껏 마주할래
넓혀 my space, Be brave and wild
점점 더 Things get better

네모난 천장의 야광별, not my taste
찾아갈 거야, real star
Why don't you?

시선은 far away
망설임에게 인사를 건네
고갤 드는 희망 속에 설레
Go all the way

Come and break the wall, 다 무너뜨려
시작된 journey, 상상 너머의 꿈꿔 왔던 세상 멀리

Don't ever give up, 더 크게 외쳐
벅차는 이 떨림 하나둘씩 모여 together
멈췄던 세상을 깨워, with you

한 발짝 더 다가서는 찰나, 망설여진 건 당연해 아마
Call my name. I'll be there
함께일 때 한 걸음 디뎌
I trust you. I trust myself
벽 앞에 새길래 난
너와 내 everything, 더 깊게 간직해
기억해 둬, 작은 용기를 낸 순간

투명한 온실의 화분은 not my taste
바람을 가를 거야, Why don't you?

더 멀리 far away
두려움에게 인사를 건네
고갤 드는 희망 속에 설레
Go all the way

Come and break the wall, 다 무너뜨려

시작된 journey, 상상 너머의 꿈꿔 왔던 세상 멀리
Don't ever give up, 더 크게 외쳐
벅차는 이 떨림 하나둘씩 모여 together
멈췄던 세상을 깨워, with you

Hey yeah yeah yeah, Hey yeah yeah yeah
Say it again. We can't get enough
다 뒤흔들어

Hey yeah yeah yeah, Hey yeah yeah yeah
All over and over again
So we break all the walls

틈에 내린 저 햇빛처럼 길이 돼 모든 건, Oh love
파도를 일으키는 butterfly, 더 큰 꿈을 꾸며 날아가
You and I

Come and break the wall. We gonna mix up
함께 만들 story, Now it's time to change
Break all the Break all the walls

Come and break the wall, 다 무너뜨려

시작된 journey, 상상 너머의 꿈꿔 왔던 세상 멀리

Don't ever give up, 더 크게 외쳐

벅차는 이 떨림 하나둘씩 모여 together

멈췄던 세상을 깨워, with you

Hey yeah yeah yeah, Hey yeah yeah yeah

Say it again. We can't get enough

다 뒤흔들어

Hey yeah yeah yeah, Hey yeah yeah yeah

꿈꿔 왔던 세상이 보여

멈춰 설 이유는 없어, with you

- Cause now we break all the walls (이제 우리는 모든 벽을 허물었으니까)

- not my taste (내 취향은 아니야)

- Go all the way (끝까지 가)

- We can't get enough (우리는 충분히 가질 수 없어)

벽을 넘어
또 다른 세상을 향해

〈Break The Wall〉은 '벽을 깨뜨리고 나아가라'는 강한 응원의 메시지를 담은 노래입니다. 하지만 철학자 루소와 미셸 푸코의 생각을 빌리면, 이 노래는 응원에만 머무는 것이 아니라 자유를 찾고 억압을 넘어서는 이야기를 담고 있습니다. 그래서 노래의 의미가 한층 깊어집니다. 루소는 **사람은 자유롭게 태어났지만 도처에서 쇠사슬에 묶여 있다**고 말했습니다. 사회와 제도가 우리의 본래 자유를 빼앗았다는 뜻이죠. 루소는 남이 정한 길이 아니라 스스로 선택한 길을 따라 사는 것이 진정한 자유라고 했습니다. 노래 속 화자도 이렇게 외칩니다.

네모난 천장의 야광별, not my taste

찾아갈 거야, real star

꾸며진 인공 세계 대신 진짜 별이 있는 세상을 향해 나아가겠다는 다짐입니다. 또 **두 눈을 꼭 감고서 그려진 마음속 선명한 지도 위**라는 구절은 세상이 정한 길이 아닌 내 마음의 방향을 따르겠다는 선언처럼 들려요. 루소의 말대로, 이는 인간이 본래의 자유를 되찾기 위해 스스로 길을 개척하는 모습입니다.

I trust you, I trust myself …… 작은 용기를 낸 순간

이 대목도 중요합니다. 루소는 **사람의 자유는 혼자일 때 완전히 지켜지지 않고, 서로의 약속과 신뢰 속에서 유지된다**고 보았습니다. **하나둘씩 모여 together, 멈췄던 세상을 깨워 with you**라는 구절은 모두가 함께 모여 자유를 지켜나가려는 루소의 공동체적 자유를 잘 보여줍니다.

이번에는 미셸 푸코의 관점에서 이 노래를 살펴볼게요. 푸코는 **권력이 단지 법이나 제도에 있는 것이 아니라 우리의 일상 속 작은 규칙들에도 숨어 있다**고 했습니다. 학교, 병원, 회사 같은 곳에서는 눈에 보이지 않는 벽이 우리를 조용히 감시하고 길들입니다.

투명한 온실의 화분은 not my taste, 바람을 가를 거야

이 구절이 그런 상황을 떠올리게 합니다. 겉으로는 안전해 보이지만 사실은 자유를 막는 투명한 벽을 깨겠다는 다짐이죠.

망설임에게 인사를 건네. 고갤 드는 희망 속에 설레

이 구절은 스스로를 주저하게 만들던 내면의 두려움과 감시를 벗어나는 순간을 표현합니다. 이는 푸코의 **권력과 저항은 언제나 함께 있다**는 말과 통하는 면이 있습니다.

Come and break the wall

다 무너뜨려 …… 멈췄던 세상을 깨워, with you

이 후렴은 바로 그 저항의 힘을 노래해요. 여기서 '벽'은 단순한 장애물이 아니라 사회가 만든 규칙과 시선 그리고 우리 안의 두려움 등을 상징해요. 푸코의 관점에서, 그 벽을 깨는 것은 기존 힘의 관계를 새롭게 바꾸는 일입니다. 그리고 **틈에 내린 저 햇빛처럼 길이 돼 모든 건, Oh love / 파도를 일으키는 butterfly**라는 가사는 작은 균열이 큰 변화를 일으킬 수 있음을 말하죠.

루소와 푸코는 서로 다른 시대를 살았지만, 인간을 억누르는 벽을 인식하고 그것을 넘어서는 방법을 이야기했다는 점에서 닮았습니다. 루소에게 억압은 사회의 굴레였고, 푸코에게 억압은 일상 속 보이지 않는 힘이었습니다. 〈Break The Wall〉은 두 철학을 동시에 품고 있어요. **Don't ever give up**이라는 외침은 루소가 말한 자유를 향한 희망이자 푸코가 말한 보이지 않는 권력에 맞서는 용기이기도 합니다.

이 노래는 우리에게 '너를 가두는 벽은 무엇이니?'라고 묻습니다. 그것은 사회의 기대일 수도 있고, 남의 시선일 수도 있으며, 혹은 스스로 만든 두려움일 수도 있어요. 루소는 **외부의 기대를 벗어나 네 안의 지도를 따라가라**고 말하고, 푸코는 **보이지 않는 규칙과 감시를 알아차리고, 그것을 넘어설 때 진짜 자유가 열린다**고 말합니다.

〈Break The Wall〉은 우리 안의 벽을 깨고 자유로워지자는 강력한 주장입니다. 세상이 정한 기준이 아닌, 자신이 스스로 만든 별을 향해 나아가는 용기. 그것이 이 노래가 전하는 진짜 메시지가 아닐까요?

나는 반딧불

노래: 황가람 | 작사: 정중식

나는 내가 빛나는 별인 줄 알았어요
한 번도 의심한 적 없었죠

몰랐어요, 난 내가 벌레라는 것을
그래도 괜찮아, 난 눈부시니까

하늘에서 떨어진 별인 줄 알았어요
소원을 들어주는 작은 별

몰랐어요, 난 내가 개똥벌레라는 것을
그래도 괜찮아, 나는 빛날 테니까

나는 내가 빛나는 별인 줄 알았어요
한 번도 의심한 적 없었죠

몰랐어요, 난 내가 벌레라는 것을
그래도 괜찮아, 난 눈부시니까

한참 동안 찾았던 내 손톱
하늘로 올라가 초승달 돼버렸지
주워 담을 수도 없게 너무 멀리 갔죠
누가 저기 걸어놨어, 누가 저기 걸어놨어

우주에서 무주로 날아온
밤하늘의 별들이 반딧불이 돼버렸지
내가 널 만난 것처럼, 마치 약속한 것처럼
나는 다시 태어났지, 나는 다시 태어났지

나는 내가 빛나는 별인 줄 알았어요
한 번도 의심한 적 없었죠

몰랐어요, 난 내가 벌레라는 것을
그래도 괜찮아, 난 눈부시니까

하늘에서 떨어진 별인 줄 알았어요
소원을 들어주는 작은 별

몰랐어요, 난 내가 개똥벌레란 것을
그래도 괜찮아, 나는 빛날 테니까

내가 가진 특별함과
아름다움

'별'은 아득히 멀리 있지만, 늘 우리 곁에 있는 존재입니다. 어두운 밤하늘에 밝게 반짝이며 높은 곳에서 빛나기에 누구나 선망하는 대상이죠. 그래서 인기 있는 연예인이나 뛰어난 운동선수를 '스타'라고 불러요. 우리도 그런 별이 되기 위해 노력하고, 언젠가 별이 될 거라 믿으며 살아가죠. 그래서인지 〈나는 반딧불〉 속 **나는 내가 빛나는 별인 줄 알았어요**라는 말이 정서적으로 낯설지 않게 다가옵니다.

노래 속 화자는 자신이 하늘에서 반짝이는 별인 줄 알았다고 말합니다. 의심조차 하지 않았었죠. 하지만 어느 순간 자신이 벌레, 즉 반딧불이라는 사실을 깨달아요. 여기서 중요한 건 그 깨달음 뒤에 오는 말입니다.

그래도 괜찮아, 난 눈부시니까

이 표현에는 '나는 왜 가치 있는 존재인가?'라는 철학적 질문이 숨어 있어요. 고대 그리스의 철학자 아리스토텔레스는 **모든 존재가 각자 고유한 목적(telos)을 가지고 있다**고 했습니다. 나무는 자라서 열매를 맺기 위해, 새는 하늘을 날기 위해, 인간은 이성을 통해 삶의 의미를 탐구하기 위해 존재한다고 보았죠. 중요한 건, 존재의 가치는 '비교'나 '순위'가 아니라 그것이 자기 목적에 얼마나 충실하느냐에 달려 있다는 거예요.

이런 관점에서 보면, 반딧불은 별처럼 높이 떠 있지 않아도 괜찮습니다. 반딧불은 어두운 땅 위에서 작은 불빛을 냄으로써 그 존재의 목적을 다하고 있는 것이니까요. 눈부신 별빛이 아니어도 자기만의 방식으로 빛나고 있다면 충분히 가치 있는 존재인 것이죠.

여러분도 이런 감정을 느낄 때가 있지 않나요? 어렸을 땐 '나는 특별해. 그러니까 특별한 사람이 될 거야.'라고 믿었는데, 학교에서나 사회에서 점점 자신이 평범해 보이고, 어떤 날은 심지어 작고 초라하게 느껴지기도 하죠. 그리고 나보다 잘나고 뛰어난 사람들과 비교하며 '나는 그냥 벌레였구나.'라는 생각이 스칠 때도 있습니다. 이 노래는 그런 순간에 내 옆에 다가와 이렇게 속삭입니다.

그래도 괜찮아, 나는 눈부시니까

여기엔 '자기 존재에 대한 긍정'이 담겨 있어요. 그러니까 우리가 별이든 반딧불이든, 스스로 삶의 의미를 만들어 내는 존재라는 것이죠.

한참 동안 찾았던 내 손톱

하늘로 올라가 초승달 돼버렸지

이 표현은 잃어버린 조각 같은 나의 일부가 너무 멀리 가버렸다는 상실감을 보여줍니다. 사춘기를 겪는 청소년들에게 이 장면은 익숙할 거예요. '나'라는 존재가 조금씩 바뀌어 가는 동안 예전의 내가 낯설어지고, 내 안에 있던 일부가 사라져 버린 것 같은 느낌. 하지만 그 손톱은 달이 되어 여전히 하늘 어딘가에서 빛나고 있어요. 내가 잃어버린 것 같았던 나의 조각이 다른 방식으로 여전히 나를 비추고 있는지도 모릅니다.

노래 후반부엔 이런 구절이 나와요.

내가 널 만난 것처럼, 마치 약속한 것처럼

나는 다시 태어났지

이는 사람과의 만남, 관계, 사랑, 우정 같은 것들이 우리에게 얼마나 큰 의미이고 변화의 계기가 되는지를 보여줍니다. 우리가 누군가를 만났을 때, 그 사람이 나를 다시 태어나게 하는 '거울'이 되기도 하죠.

노래 속 화자는 결국 자신이 별이 아니라는 걸 인정하면서 반딧불로서의 삶을 긍정합니다.

그래도 괜찮아, 나는 빛날 테니까

오르트 구름

(2021)

노래: 윤하 | 작사: 박우현 외

어둠만이 나의 전부였던 동안
숨이 벅차도록 달려왔잖아
Never say "time's up"
경계의 끝자락
내 끝은 아니니까

울타리 밖에 일렁이는 무언가
그 아무도 모르는 별일지 몰라
I wanna wanna be there
I'm gonna gonna be there
벅찬 맘으로 이 궤도를 벗어나

Let's go!
새로운 길의 탐험가
Beyond the road
껍질을 깨뜨려 버리자
두려움은 이제 거둬
오로지 나를 믿어
지금이 바로 time to fly

두 눈 앞의 끝, 사뿐 넘어가
한계 밖의 trip, 짜릿하잖아

녹이 슨 심장에 쉼 없이 피는 꿈
무모하대도 믿어, 난

누구도 본 적 없는 낯선 우주 속에
겁 없이 뛰어들어, fall fall
답답한 가슴 안에 불꽃을 피워낼래
shine and bright

곧 잡힐 듯이 반짝이던 무언가
꼭 달릴수록 멀어져도 난 좋아
I never never give up
I'm getting getting better
여정은 이미 시작된 지 오래야

Let's go!
끝이라 생각한 순간
Beyond the road
넓은 세상이 날 감싸 안아
때로는 느릿해도, 가끔은 지친대도
멈추지 않고 let me fly

두 눈 앞의 끝, 사뿐 넘어가

한계 밖의 trip, 짜릿하잖아
녹이 슨 심장에 쉼 없이 피는 꿈
무모하대도 믿어, 난
누가 뭐래도 믿어, 난

Go, 다치고 망가져 버거워진 항해
Go, 숨 한 번 고르고 이어가면 OK
구름 너머 세상을 내 품에 안을래

두 눈 앞의 끝, 사뿐 넘어가
한계 밖의 trip, 짜릿하잖아
녹이 슨 심장에 쉼 없이 피는 꿈
무모하대도 믿어, 난
나의 여정을 믿어, 난

- Never say "time's up" (시간이 지났다고 말하지 마)
- I wanna wanna be there (거기에 있고 싶어)
- I'm gonna gonna be there (거기에 가고 싶어)
- time to fly (날아갈 시간) / let me fly (날게 해줘)
- I'm getting getting better (점점 나아지고 있어)

구름 너머 나를
만나는 여정

'오르트 구름(Oort Cloud)', 처음 들으면 왠지 낯설고 어려운 과학 용어처럼 느껴질 수 있어요. 하지만 사실 이 개념은 아주 낭만적인 상상을 품고 있답니다. 오르트 구름은 태양계를 둘러싼 아주 먼 외곽에 존재한다고 여겨지는, 얼음과 먼지로 이루어진 둥근 모양의 공간이에요. 우리가 밤하늘에서 볼 수 있는 혜성들이 오르트 구름으로부터 태양을 향해 날아온다고 하니, 마치 수많은 별의 씨앗이 잠들어 있는 우주의 외곽 창고 같은 느낌이죠.

이 노래는 바로 이 신비한 공간을 우리가 아직 만나지 못한 '진짜 나의 가능성'이나 '꿈'에 비유하고 있어요. 지금은 닿을 수 없어 보여도, 그 너머엔 분명히 무언가 빛나는 것이 있을 거라는 믿음. 노래 속 화자는 그 미지의 세계를 향해 겁 없이 날아가 보겠다고 말합니다.

두 눈 앞의 끝, 사뿐 넘어가

한계 밖의 trip, 짜릿하잖아

두려움 대신 설렘으로 경계를 넘어서려는 그 목소리는 마치, '나도 언젠가는 내가 원하는 삶을 이룰 수 있을까?'라고 묻는 우리의 마음을 닮았어요.

독일의 심리학자이자 인문학자인 에리히 프롬은 **인간의 삶에서 가장 중요한 것은 '자기실현(self-realization)'**이라고 말했어요. 그는 또 **행복이란 결과가 아니라 성장하고 있다는 느낌 그 자체**라고 했는데, 이 말은 완벽해져야 행복한 것이 아니라 '나'를 향해 나아가고 있다는 감각이 가장 중요하다는 뜻이에요. 〈오르트 구름〉은 바로 이 자기실현의 여정을 노래합니다.

오로지 나를 믿어, 지금이 바로 time to fly

이 가사처럼, 남의 기준이나 세상의 시선이 아니라 내 안의 목소리를 따라가는 여정 말이에요.

우리는 종종 자신을 믿지 못할 때가 있습니다. 지금 내 모습이 너무 평범해 보여서, 다른 사람들과 비교하면 한참 모자라 보여서 괜히 주눅 들기도 하죠. 이 노래는 그런 이들에게 이런 말을 건넵니다.

녹이 슨 심장에 쉼 없이 피는 꿈

무모하대도 믿어, 난

지금은 쓸모없고 보잘것없이 느껴져도, 나에게는 여전히 피어나려는 꿈이 있다는 말이에요. 화자는 또 이렇게 말하죠.

때로는 느릿해도 가끔은 지친대도

멈추지 않고 let me fly

이건 경쟁에서 이기기 위한 외침이 아니라, 나 자신과 화해하고 싶어 하는 메시지 같아요. 살다 보면 너무 빨리 가려다 지칠 때도 있고, 잠시 멈춰야 할 때도 있습니다. 그런 순간들을 잘 겪어내고 나만의 리듬으로 걸어가면 '반짝' 빛나는 순간이 찾아오기도 하죠. 그런 모든 순간이 모여 내 삶의 궤적이 만들어집니다. 그리고 우주 저 끝에서 오르트 구름이 혜성을 날려 보낼 때를 기다리듯, 우리의 가능성도 때를 기다리고 있는 것뿐입니다.

껍질을 깨뜨려 버리자. 두려움은 이제 거둬

나도 괜찮아질 수 있어. 아직 끝이 아니야

껍질은 나를 지켜주기도 하지만, 더 넓은 세상으로 나가는 것을 막는 벽이 되기도 하죠. 그 벽을 깨고 세상과 마주하며 자신을 발견해 가는 여정. 그 속에서 우리는 점점 더 '괜찮은 나'로 변모해 갈 것입니다.

혹시 오늘 마음이 조금 무겁고 미래가 어둡게 느껴진다면 이 노래를 한번 들어보세요. 내 안 어딘가에서 반짝이고 있는 작은 가능성을 떠올리면서요.

나의 사춘기에게 (2017)

노래: 볼빨간사춘기 | 작사: 안지영

나는 한때 내가 이 세상에 사라지길 바랐어
온 세상이 너무나 캄캄해 매일 밤을 울던 날
차라리 내가 사라지면 마음이 편할까
모두가 날 바라보는 시선이 너무나 두려워

아름답게 아름답던 그 시절을 난 아파서
사랑받을 수 없었던 내가 너무나 싫어서
엄마는, 아빠는 다 나만 바라보는데
내 마음은 그런 게 아닌데 자꾸만 멀어만 가

어떡해 어떡해 어떡해 어떡해

시간이 약이라는 말이 내게 정말 맞더라고
하루가 지나면 지날수록 더 나아지더라고
근데 가끔은 너무 행복하면 또 아파올까 봐
내가 가진 이 행복들을 누군가가 가져갈까 봐

아름다운, 아름답던 그 기억이 난 아파서
아픈 만큼 아파해도 사라지지를 않아서
친구들은, 사람들은 다 나만 바라보는데
내 모습은 그런 게 아닌데 자꾸만 멀어만 가

그래도 난 어쩌면
내가 이 세상에 밝은 빛이라도 될까 봐
어쩌면 그 모든 아픔을 내딛고서라도
짧게 빛을 내볼까 봐
포기할 수가 없어

하루도 맘 편히 잠들 수가 없던 내가
이렇게라도 일어서 보려고 하면
내가 날 찾아줄까 봐

아아아아아아아 아아아아아아아

얼마나 얼마나 아팠을까
얼마나 얼마나 아팠을까
얼마나 얼마나 얼마나 바랐을까

사라지고 싶던 나,
만나고 싶은 나

십 대의 시간은 누구에게나 특별합니다. 감정은 쉽게 흔들리고, 어제 친했던 친구가 오늘은 낯설고, 내 모습이 마음에 안 들 때도 많죠. 〈나의 사춘기에게〉는 그런 불안하고 복잡한 감정 속에서 '나 자신'을 찾아가는 여정을 담은 노래입니다.

나는 한때 내가 이 세상에 사라지길 바랐어

온 세상이 너무나 캄캄해 매일 밤을 울던 날

이 첫 구절은 마치 누군가가 실제로 써 내려간 사춘기의 일기장을 몰래 들여다보는 듯합니다.

그러고 보면 십 대 시절은 참 이상한 시간이에요. 아이 같은 마음은 그대로인데 어른인 척하고 싶을 때가 있고, 하루에도 몇 번씩 감정이 왔다 갔다 하고, 거울 속 내 모습조차 낯설게 느껴질 때도 있죠. 그런데 이런 감정은 결코 이상한 게 아니에요. 심리학자 에릭 에릭슨은 우리가 성장하면서 반드시 겪게 되는 심리적인 단계를 설명했는데, 이 노래는 그중 하나인 청소년기의 정체성 혼란을 너무나 잘 보여주고 있어요.

에릭슨에 따르면, **청소년기는 '나는 누구일까?'라는 질문을 가장 많이 던지는 시기**예요. 초등학생 때까지만 해도 부모님이 해주는 말이 곧 내 정체성이었고, 무슨 역할을 맡든 그냥 하면 됐지만, 중학생쯤부터는 '진짜 내 마음'과 '겉으로 보이는 나'가 달라지기 시작하죠. 그래서 이 시기를 그는 '정체성 대 역할 혼란(identity vs role confusion)의 시기'라고 불렀어요.

노래 속 화자가 다음과 같이 말하는 부분을 한번 볼까요.

엄마는, 아빠는 다 나만 바라보는데

내 마음은 그런 게 아닌데 자꾸만 멀어만 가

친구들은, 사람들은 다 나만 바라보는데

내 모습은 그런 게 아닌데 자꾸만 멀어만 가

이건 주변 사람들이 기대하는 '나'와 내가 느끼는 '진짜 나' 사이의 차이 때문에 생기는 혼란이에요. 겉으로는 잘 지내는 것처럼 보여도 속마음은 그렇지 않죠. 다른 사람들이 원하는 모습을 연기하고 있는 것 같기도 하고요. 이런 감정은 정체성을 찾아가는 여정에서 누구나 마주하게 되는 감정입니다. 에릭슨은 **진짜 나를 찾으려면 때때로 혼란을 겪는 것도 필요하다**고 했어요.

하지만 이 노래는 절망에만 머물러 있지 않아요. 노래 후반부에 이르면 화자의 드라마틱한 변화가 느껴집니다.

그래도 난 어쩌면 내가 이 세상에 밝은 빛이라도 될까 봐

어쩌면 그 모든 아픔을 내딛고서라도 짧게 빛을 내볼까 봐

에릭슨은 **인간은 단지 성장하는 존재가 아니라 스스로 선택하고 방향을 잡아가는 존재**라고 했어요. 나 자신이 아직 완성되지 않았다는 걸 아는 것, 그리고 그 상태에서도 앞으로 나아가려는 마음이 바로 정체성 형성의 시작입니다. 노래 속 화자는 아픔을 겪으면서도 그 아픔을 넘어서 '내가 누구인지' 알아가려는 과정을 시작하고 있어요.

이렇게라도 일어서 보려고 하면 내가 날 찾아줄까 봐

이 부분이 참 인상 깊어요. 처음엔 '사라지고 싶다'던 화자가 이제는 '나 자신을 다시 만나고 싶다'고 말하거든요. 그런데 그 마음이 바로 청소년기의 핵심이에요. 정체성이란 누가 정해 주는 것이 아니라 혼란을 겪으며 스스로 만들어 가는 것이니까요.

혹시 이런 생각을 해본 적이 있나요? '나는 왜 이렇게 감정이 복잡하지?', '사람들이 나를 오해하는 것 같아.', '진짜 나는 어떤 사람일까?' 이런 생각이 들었다면 여러분은 지금 아주 중요한 시간을 살고 있는 거예요. 에릭슨은 이런 생각과 질문이야말로 건강하게 자아를 만들어 가는 증거라고 했거든요.

〈나의 사춘기에게〉는 우리에게 이렇게 말해요. '너는 지금 충분히 아프다. 그래서 더 성장할 수 있다. 혼란은 끝이 아니라 시작이다. 너는 언젠가 진짜 너를 만나게 될 거다.'라고요.

Supernova (2024)

노래: 에스파 | 작사: KENZIE 외

I'm like some kind of Supernova

Watch out

Look at me go

재미 좀 볼, 빛의 Core

So hot hot

문이 열려, 서로의 존재를 느껴

마치 Discord

날 닮은 너, 너 누구야 (Drop)

사건은 다가와, Ah Oh Ay

거세게 커져가, Ah Oh Ay

That tick that tick tick bomb

That tick that tick tick bomb

감히 건드리지 못할걸, 누구도 말이야

지금 내 안에선 Su su su Supernova

Nova

Can't stop hyperstellar

원초 그걸 찾아

Bring the light of a dying star

불러낸 내 우주를 봐 봐, Supernova

Ah Body bang

Make it feel too right

휩쓸린 에너지, It's so special

잔인한 Queen이며 Scene이자 종결

이토록 거대한 내 안의 Explosion

내 모든 세포, 별로부터 만들어져

Under my control, Ah

질문은 계속돼, Ah Oh Ay

우린 어디서 왔나, Oh Ay

느껴, 내 안에선 Su su su Supernova

Nova

Can't stop hyperstellar

원초 그걸 찾아

Bring the light of a dying star

불러낸 내 우주를 봐 봐, Supernova

보이지 않는 힘으로 네게 손 내밀어 볼까

가능한 모든 가능성, 무한 속의 너를 만나

It's about to bang bang

Don't forget my name, Su su su Supernova

사건은 다가와, Ah Oh Ay

거세게 커져가, Ah Oh Ay

질문은 계속돼, Ah Oh Ay

우린 어디서 왔나, Oh Ay

사건은 다가와, Ah Oh Ay

거세게 커져가, Ah Oh Ay

Tell me, tell me, tell me Oh Ay

우린 어디서 왔나, Oh Ay

우린 어디서 왔나, Oh Ay

Nova

Can't stop hyperstellar

원초 그걸 찾아

Bring the light of a dying star

불러낸 내 우주를 봐 봐, Supernova

사건은 다가와, Ah Oh Ay (Nu star)

거세게 커져가, Ah Oh Ay

질문은 계속돼, Ah Oh Ay

Nova

우린 어디서 왔나, Oh Ay

사건은 다가와, Ah Oh Ay

거세게 커져가, Ah Oh Ay

질문은 계속돼, Ah Oh Ay

Nova

Bring the light of a dying star

Supernova

- I'm like some kind of Supernova (나는 마치 초신성 같아)

- Watch out (조심해)

- Look at me go (나의 가능성을 봐)

- Discord (불협화음, 부조화)

- That tick that tick tick bomb (째깍째깍 터지기 직전이야)

- Nova. Can't stop hyperstellar (신성. 초우주적인 강력한 힘을 멈출 수 없어)

- Bring the light of a dying star (죽어가는 별빛을 가져와)

- Ah Body bang. Make it feel too right (몸 안의 폭발. 완벽하게 느껴져)

- Under my control (내 통제하에)

- It's about to bang bang (곧 큰 폭발이 일어날 거야)

- Don't forget my name (내 이름을 잊지 마)

- Nu star (이름 모를 별)

초신성,
폭발하는 자아의 불빛

밤하늘에서 갑자기 나타났다 사라지는 아주 밝은 별이 있어요. 이것을 과학계에서는 '수퍼노바(Supernova, 초신성)'라고 부릅니다. 원래 '수퍼노바'는 거대한 별이 생을 다하고 마지막으로 폭발하며 엄청난 빛을 내는 현상이에요. 그 빛은 태양보다도 수십억 배나 밝아서, 때로는 낮에도 볼 수 있을 정도라고 해요. 놀라운 점은, 그 폭발을 통해 새로운 별의 재료가 생기고 우주의 흐름이 새로 시작된다는 거예요.

〈Supernova〉에서는 이 수퍼노바를 단순한 우주 현상이 아닌, 자기 안에서 일어나는 강렬한 변화와 폭발적인 탄생을 상징하는 말로 사용하고 있어요. 그리고 이 노래는 우리에게 '너는 지금 네 안의 빛을 꺼내고 있니?'라고 묻습니다.

이 노래는 아주 강렬하게 시작돼요.

I'm like some kind of Supernova

Watch out. Look at me go

마치 "나는 초신성이다."라고 크게 외치는 듯한 이 구절은, '나'라는 존재에 주목하라는 세상을 향한 외침처럼 들립니다. 이는 '이제 내가 눈부시게 빛나겠다'는 선언이죠. 마치 자신의 감정, 가능성, 질문, 혼란, 꿈 등을 한꺼번에 터뜨릴 듯해요. 누구나 자기 안에서 어떤 '폭발'을 느낄 때가 있습니다. 이럴 때 내가 누구인지, 어디서 왔는지, 왜 이렇게 혼란스러운지 등을 스스로 끝없이 묻곤 하죠.

이때 중요한 건, 그 혼란을 억누르는 게 아니라 폭발시킬 줄 아는 용기예요. 독일의 철학자 프리드리히 니체는 **별을 낳으려면 내면의 혼돈을 지니고 있어야 한다**고 했어요. 우리는 혼란과 갈등 속에서도 결국 별처럼 빛나는 자신을 만들어 간다는 뜻이에요. 〈Supernova〉는 바로 그런 메시지를 전하는 곡입니다. 지금 내 안에서 일어나는 질문과 감정의 소용돌이가 결국 나를 성장시키는 불꽃이 될 수 있다고요.

Bring the light of a dying star

'죽어가는 별의 빛을 가져온다'는 말은, 끝이 오히려 새로운 시작이 될 수 있다는 뜻이에요. 실수하거나, 관계에서 상처를 받거나, 자신이 싫어지는 순간이 올 때 우리는 절망하며 끝이라고 생각하죠. 하지만 그 '끝'이 바로 빛이 시작되는 지점일 수 있습니다. '수퍼노바'처럼요.

그리고 이 노래 속 화자는 우리에게 결정적인 질문을 던집니다.

우린 어디서 왔나

이 질문은 단순한 궁금증이 아니라 철학의 시작점이에요. '나는 누구인가?', '왜 이런 감정을 느끼는가?'라는 생각은 철학자들이 오래도록 붙잡아 온 질문이기도 하고, 누구나 겪는 감정이기도 해요. 나의 존재 이유, 내가 원하는 것, 내가 갈 길을 스스로 묻는 순간, 우리는 이미 '내 안의 우주'를 탐험하고 있는 거예요.

가능한 모든 가능성, 무한 속의 너를 만나

이 표현은 나라는 존재 안에 무한한 가능성이 숨어 있다는 뜻입니다. 우리는 종종 시험 점수나 누군가의 평가에 따라 '나는 이 정도 사람'이라고 한계를 지어버리곤 하죠. 하지만 진짜 나는 크고 넓은 우주처럼 무한한 가능성의 덩어리예요. 이 노래에서는 그 가능성을 터뜨리라고 말합니다. 지금은 작아 보여도 나만의 방식으로 빛날 수 있다고요.

무엇보다 이 노래는 자기 안의 힘을 두려워하지 말라고 말해요.

지금 내 안에선 Su su su Supernova

이는 내 안의 빛나는 에너지를 믿고, '나'라는 우주를 포기하지 말라는 응원이 담긴 표현이에요. 누군가와 다르다고 해서 틀린 게 아니고, 조용하고 느리다고 해서 실패한 게 아니에요. 각자가 가진 '별의 에너지'는 저마다 다르게 터지니까요. '수퍼노바'가 갑자기 찾아오듯, 우리 안의 변화도 어느 날 문득 시작될 수 있어요. 지금 여러분이 혼란스럽고 복잡한 시간을 지나고 있다면, 그건 내 안에서 수퍼노바가 준비되고 있는 게 아닐까요.

문어의 꿈

(2021)

노래: 안예은 | 작사: 안예은

나는 문어, 꿈을 꾸는 문어
꿈속에서는 무엇이든지 될 수 있어
나는 문어, 잠을 자는 문어
잠에 드는 순간 여행이 시작되는 거야

높은 산에 올라가면 나는 초록색 문어
장미꽃밭 숨어들면 나는 빨간색 문어
횡단보도 건너가면 나는 줄무늬 문어
밤하늘을 날아가면
나는 오색찬란한 문어가 되는 거야

깊은 바닷속은 너무 외로워
춥고 어둡고 차갑고 때로는 무섭기도 해
그래서 나는 매일 꿈을 꿔
이곳은 참 우울해

단풍놀이 구경 가면 나는 노란색 문어
커피 한 잔 마셔주면 나는 진갈색 문어
주근깨의 꼬마와 놀면 나는 점박이 문어
밤하늘을 날아가면
나는 오색찬란한 문어가 되는 거야

깊은 바닷속은 너무 외로워
춥고 어둡고 차갑고 때로는 무섭기도 해
그래서 나는 매일 꿈을 꿔
이곳은……

깊은 바닷속은 너무 외로워
춥고 어둡고 차갑고 때로는 무섭기도 해
그래서 나는 매일 꿈을 꿔
이곳은 참 우울해

문어가 가르쳐 준
두 가지 비유

〈문어의 꿈〉은 바닷속에 사는 문어가 꿈을 꾸며 다양한 모습으로 변신하는 이야기를 담고 있습니다. 초록색, 빨간색, 줄무늬, 점박이, 오색찬란한 문어로 변하면서, 현실을 벗어나 자신이 되고 싶은 존재로 살아갑니다. 이 노래는 어린이들이 즐기는 상상의 동화나 동요처럼 들릴 수 있지만, 사실은 우리가 살면서 한 번쯤 생각해 봐야 할 중요한 물음을 품고 있습니다. '나는 지금 이 모습으로 살아도 괜찮은 걸까?', '내가 진짜 원하는 건 뭘까?', '꿈이란 왜 필요한 걸까?' 이런 질문들에 대해 고대 철학자 플라톤과 장자는 각기 다른 방식으로 답을 합니다.

먼저 플라톤의 철학을 생각해 볼까요? 그는 '동굴의 비유'라는 유명한 이야기를 들려준 적이 있어요. 사람들은 어두운 동굴 안에서 벽에 비친 그림자만을 보며 그것이 전부라고 믿고 살아가요. 그런데 사실은 그 그림자 뒤에 진짜 세계, 즉 햇빛 아래 펼쳐진 참된 현실이 있다는 겁니다. 플라톤은 **우리가 보고 듣는 현실이 전부가 아니**

며, 그 너머에 더 깊고 진실한 세계가 있다고 말했어요.

〈문어의 꿈〉에서 문어는 '깊은 바닷속'이라는 현실에서 살아갑니다. 문어는 이렇게 말하죠.

춥고 어둡고 차갑고 때로는 무섭기도 해

이 말은 플라톤이 말한 동굴 속 현실처럼 느껴집니다. 바닷속은 외롭고 불편하며, 갇혀 있는 공간 같아요. 그래서 문어는 꿈을 꿉니다. 꿈속에서 문어는 자유롭고 다채로운 존재가 돼요. 플라톤의 관점에서 보면, 이 꿈은 현실의 한계를 넘어 '이상적인 나'에 다가가는 길이라고 할 수 있어요. 꿈속에서 문어는 억눌린 자기 자신을 벗어나 참된 모습으로 존재할 수 있는 거예요. 그러니까 우리가 바라는 이상과 꿈은 '허무한 것'이 아니라, 오히려 그것이 우리 안의 가능성과 참모습을 보여주는 중요한 열쇠일 수 있는 것이죠.

그렇다면 이제 장자의 이야기를 들어볼까요? 장자는 **나는 꿈속에서 나비가 된 것인지, 나비가 꿈에서 내가 된 것인지 알 수 없다**고 했어요. 이 말은 '현실'과 '꿈' 사이의 경계를 허물고, 변화를 두려워하지 말라는 뜻을 담고 있어요. 사람은 늘 하나의 모습으로만 살아가는 것이 아니라, 끊임없이 변하고 흐르고 다양하게 존재할 수 있다는 겁니다.

문어는 꿈속에서 자유롭게 변해요. 산에 올라가면 초록색 문어가 되고, 장미꽃밭에 숨어들면 빨간색 문어, 커피를 마시면 진갈색 문어, 밤하늘을 날아가면 오색찬란한 문어가 됩니다. 이 모습은 장자가 말한 '변화의 철학'과 꼭 닮았어요. 문어는 자유롭고 유연하게 자기 모습을 바꿔나갑니다. 세상이 요구하는 정해진 기준이나 정답이 아니라 자신만의 색과 모양으로 살아가는 거죠. 장자는 **억지로 무언가가 되려고 하지 말고 있는 그대로의 흐름을 따르라**고 했어요. 문어는 그 흐름을 따라가는 존재입니다. 나비처럼 가볍고 자유롭게요.

두 철학자의 관점을 나란히 놓고 보면, 문어의 꿈은 단지 현실에서 도피하기 위한 도구가 아니라, 나의 참모습을 발견하고 더 나답게 살아가기 위한 소중한 과정임을 알 수 있어요. 플라톤은 그 꿈이 진실에 다가가는 빛이라고 말했고, 장자는 그 꿈이 우리를 얽매는 틀에서 벗어나 자유롭게 해주는 바람이라고 말했지요.

여러분도 자신이 처한 현실이 답답하거나 외롭게 느껴질 때가 있나요? 혹은 '나는 왜 이렇게 남들과 다르지?', '나만 이상한 걸까?' 하고 생각해 본 적이 있나요? 그럴 때 문어처럼 '꿈'을 꾸어보세요. 그 꿈은 나를 돌아보는 순간이고, 나만의 색깔을 찾아가는 여정이에요.

오늘 밤, 문어처럼 조용히 팔을 접고 잠이 든다면 어떤 꿈을 꾸고 싶나요? 그리고 그 꿈에서 여러분은 어떤 존재인가요? 그 상상이 여러분을 조금 더 자유롭고 빛나는 존재로 이끌어 줄 겁니다.

노래: 한(스트레이키즈) | 작사: 한

지구에 툭 떨어진
I'm an alien on this earth
나 홀로 어디에도 속하지 않아 보이고
아무리 웃어봐도, I feel so lonely
지구인과 섞이려고 드는 외계인
소리 내 말을 해봐도 누구도 듣질 않아

낯선 곳에 불시착해
처음에는 기대만 가득 찼던 나의 눈망울엔
까만 밤이 되면 자꾸 눈물이 고여
나의 당당함 또한 누군가에게 밉보일 수 있기 때문에
죽은 듯 살아왔더니
어느새 난 홀로 서 저기 동떨어져 있지
그들과 나는 왠지 같은 곳에 있어도, I was an alien yeah
우주에서 날아와 불시착해 상처만 가득해진 나는 외톨이

It's a lonely night
조용한 밤이야, 너무 어둡다
나의 나지막한 내 목소리로 이뤄낼 거야
저기 별들 사이에서, I'm just lonely
누가 날 위해 손을 뻗어 날 잡아줘

지구에 툭 떨어진

I'm an alien on this earth

나 홀로 어디에도 속하지 않아 보이고

아무리 웃어봐도, I feel so lonely

지구인과 섞이려고 드는 외계인

소리 내 말을 해봐도 누구도 듣질 않아

그래 나는 없어, 매일 가득 넘쳐

나는 나의 걱정을 짊어진 채로

그 누구도 신경 안 써도

난 지쳐 쓰러지지 않을 거란 나의 맹세로

하늘 높이 바라보는 곳에 무수히도 많은 꿈이

나를 반기니까, Don't care about depression도

그래, 내가 살아가야 하지

무너지면 모든 게 수포가 될 거야, 꿈마저도

수포가 될 거야, 꿈마저도

내가 이곳에서 마셨던 숨마저도

너무 쓰라리고 아팠지만 참을 수 있어

꿈을 위해서 탐탁지 않아?

그래 누군가는 나를 원치 않았고
모두의 호감을 사기엔 나는 너무 어렸어
시간이 지날수록 나는 어른이 돼갔고
완벽하진 않아도 자랑스럽게 날 다독여
It's a lonely night
조용한 밤이야, 너무 어둡다
나의 나지막한 내 목소리로 이뤄낼 거야
저기 별들 사이에서, I'm just lonely
누가 날 위해 손을 뻗어 날 잡아줘

지구에 툭 떨어진
I'm an alien on this earth
나 홀로 어디에도 속하지 않아 보이고
아무리 웃어봐도, I feel so lonely
지구인과 섞이려고 드는 외계인
소리 내 말을 해봐도 누구도 듣질 않아

- I'm an alien on this earth (나는 지구에 사는 외계인이야)
- Don't care about depression도 (우울한 건 신경 안 써도)

나는 누구일까?
그 물음의 시작

〈외계인〉은 얼핏 '외로움'을 이야기하는 노래처럼 들릴 수 있어요. 하지만 조금 더 깊이 들여다보면, 이 노래는 '나는 누구일까?'라는 물음에 대한 깊은 고민을 담고 있어요. 누구나 한 번쯤 자신에게 이런 질문을 던지지만, 선뜻 답하기가 쉽지 않아요. 왜냐하면 '자아'라는 것은 저절로 그냥 생겨나는 게 아니라 타인과의 관계 속에서 생겨나기 때문입니다.

독일의 철학자 헤겔은 **자아는 혼자서 생기지 않는다**고 했어요. 그는 우리가 자신을 알기 위해서는 반드시 타인의 시선, 인정, 대립 등이 필요하다고 했죠. 우리가 거울을 보고 내 얼굴이 어떻게 생겼는지 알게 되는 것처럼, 자아도 타인이라는 거울에 비춰 봐야 제대로 파악할 수 있다는 거예요. 그런데 〈외계인〉 속 화자는 그런 '거울' 자체를 잃어버린 인물입니다.

아무리 웃어봐도, I feel so lonely

소리 내 말을 해봐도 누구도 듣질 않아

화자가 말을 해도 아무 반응이 없고, 웃어도 진심이 닿지 않는 상황을 표현하고 있어요. 이런 상황에서는 '나'라는 존재가 점점 흐릿해져요.

헤겔은 이처럼 **타인에게 인정받지 못하는 상태에서는 자아 정체성이 제대로 형성되지 않는다**고 했어요. 타인의 응답이 없으면, 나는 자기가 누구인지 확신할 수 없게 되거든요. 이럴 때 혼란과 고통이 찾아오죠.

죽은 듯 살아왔더니

어느새 난 홀로 서 저기 동떨어져 있지

이 부분은 사회의 여러 관계 속에서 타인에게 끊임없이 나를 맞추고 조금씩 뒤로 물러나다가 결국엔 나 자신을 잃어버린 상황을 표현하고 있습니다. 화자는 세상에서 외면당하고 무시당하고, 진짜 자신을 꾹꾹 눌러가며 살아왔어요. 하지만 그러면서도 끊임없이 자신을 지켜내려 애썼지요.

완벽하진 않아도 자랑스럽게 날 다독여

이 말은 결국 타인에게 인정받지 못하더라도 '내가 나를 인정하는 법'을 배운 사람의 목소리예요. 헤겔의 철학으로 보면, 이건 하나의 '변증법적 도약'입니다. 처음에는 외면당한 나로 시작했지만, 그 상처들을 겪어내면서 '내가 누구인지'를 스스로 인정하고 받아들이는 단계로 나아간 거예요.

자아 정체성은 단지 내가 나를 아는 것만으로는 제대로 만들어지지 않아요. 그것은 타인과의 관계, 상처, 충돌 그리고 다시 자신을 다독이는 과정 속에서 서서히 형성되어 가죠. 특히 청소년기는 바로 그 복잡한 과정의 한가운데예요. 내가 어떤 사람인지 끊임없이 고민하고, 남들과 다르다는 이유로 소외당하기도 하며, 나 자신이 낯설게 느껴질 때도 있죠.

하지만 헤겔은 **자아란 원래 그렇게 만들어지는 것이며, 모든 갈등은 결국 나를 나답게 해주는 과정**이라고 말해요. 그러니 내가 왠지 외계인처럼 느껴질 때, 그 낯섦을 부정하지 말고 나의 내면을 잘 들여다보세요. 그 어색함과 충돌 속에서 지금 나만의 고유한 '자아'가 자라고 있는 것이니까요.

비밀정원

노래: 오마이걸 | 작사: 서지음

나의 비밀정원
난 아직도 긴 꿈을 꾸고 있어
그 어떤 이에게도 말하지 못했던
아침 햇살이 날 두드리며 hello
매일 머물렀다 가는데 모르지
처음으로 너에게만 보여줄게
나를 따라 come with me bae
손을 잡아, you and me

내 안에 소중한 혼자만의 장소가 있어
아직은 별거 아닌 풍경이지만
조금만 기다리면 곧 만나게 될걸
이 안에 멋지고 놀라운 걸 심어뒀는데
아직은 아무것도 안 보이지만
조금만 기다리면 알게 될 거야, 나의 비밀정원

너무 단순해, 그 사람들은 말야
눈으로 보는 것만 믿으려 하는걸
빗방울은 날 다독이며 잠시
내게 또 힘을 주곤 해, 다정히
오늘 하루 한 사람만 초대할게
나를 따라 come with me bae

상상해 봐, you and me

내 안에 소중한 혼자만의 장소가 있어

아직은 별거 아닌 풍경이지만

조금만 기다리면 곧 만나게 될걸

이 안에 멋지고 놀라운 걸 심어뒀는데

아직은 아무것도 안 보이지만

조금만 기다리면 알게 될 거야, 나의 비밀정원

아마 언젠가 말야, 이 꿈들이 현실이 되면

함께 나눈 순간들을, 이 가능성들을

꼭 다시 기억해 줘

네 안에 열렸던 문틈으로 본 적이 있어

아직은 별거 아닌 풍경이지만

조금만 기다리면 곧 만나게 될걸

그 안에 멋지고 놀라운 걸 심어뒀는데

아직은 아무것도 안 보이지만

조금만 기다리면 알게 될 거야, 나의 비밀정원

무럭무럭 어서어서 자라나 줘, beautiful

나만의 씨앗,
나만의 정원

이 노래는 마음속 깊은 곳에 있는 작은 씨앗 하나를 조심스레 바라보는 듯해요. 아직은 남에게 보여줄 수 없고, 나도 그게 뭔지 정확히 말할 수 없지만, 분명히 내 안에서 자라고 있는 나만의 무언가. 이 노래는 그 여리고 조용한 가능성에 대해 말하고 있습니다.

철학자 한나 아렌트는 이런 가능성을 '탄생성(natality)'이라고 했어요. 아렌트는 **우리가 세상에 태어난다는 것은 단지 생물학적인 사건이 아니라, 이 세상에 전혀 새로운 가능성이 생기는 것**이라고 말했어요. 누군가가 세상에 태어난다는 것은, 이전에 존재하지 않았던 방식으로 말하고 행동하고 세상을 바꿀 수 있다는 뜻이에요.

이 노래 속 화자는 자신의 내면에 정원을 가꿔요.

내 안에 소중한 혼자만의 장소가 있어

이건 아렌트가 말한 '탄생성'의 구체적인 모습이기도 해요. 이 정원은 누군가에게 인정받기 위해 꾸며진 것이 아니고, 남들의 기준에 맞춘 것도 아니에요. 오히려 세상이 무심히 지나쳐 가도 '빗방울은 날 다독이며 다정히' 위로하고, '조금만 기다리면 곧 만나게 될' 나만의 이야기와 나만의 길이 조용히 생겨나고 있는 곳이죠.

아렌트는 또 한 가지 중요한 개념을 말했어요. 바로 '행동(action)' 이에요. 아렌트는 '내가 누구인지 세상에 드러내는 모든 행위'를 '행동'이라고 봤어요. 한마디의 말, 한 번의 진심 어린 눈빛, 누군가에게 나의 정원을 살짝 보여주는 용기……. 이런 것들이 세상과 관계를 맺는 중요한 '행동'이라는 겁니다.

여러분 마음속의 '비밀정원'은 어떤 모습인가요? 아직은 너무 작아서 다른 사람에게 보여주기 부끄럽거나, '이게 과연 의미 있을까?'라는 의심이 들 수도 있을 거예요. 하지만 아렌트는 **우리는 누구도 대신할 수 없는 존재이며, 그 자체로 세상에 새로움을 불어넣을 수 있다**고 했어요. 그러니 여러분 안에 있는 정원, 여러분만의 감정과 상상, 그리고 각자의 꿈은 그 자체로 소중하답니다.

아렌트는 또 **행동은 언제나 새로운 것을 시작할 수 있는 인간의 능력에서 비롯된다**고도 했어요. 이에 따르면, 여러분이 지금 품고 있는 생각, 하고 싶은 말, 아직 시작하지 못한 어떤 일…… 그 모든 것들은 세상에 아직 존재하지 않는 '새로움'일 수 있어요.

이 노래 마지막은 이렇게 끝납니다.

무럭무럭 어서어서 자라나 줘, beautiful

여러분의 마음속 정원은 아름다워요. 완전하지는 않지만, 세상 누구와도 다른 나만의 이야기가 담겨 있으니까요. 그러니 잊지 마세요. 여러분은 세상에 태어난 둘도 없는 '새로움'이라는 것을.

2장

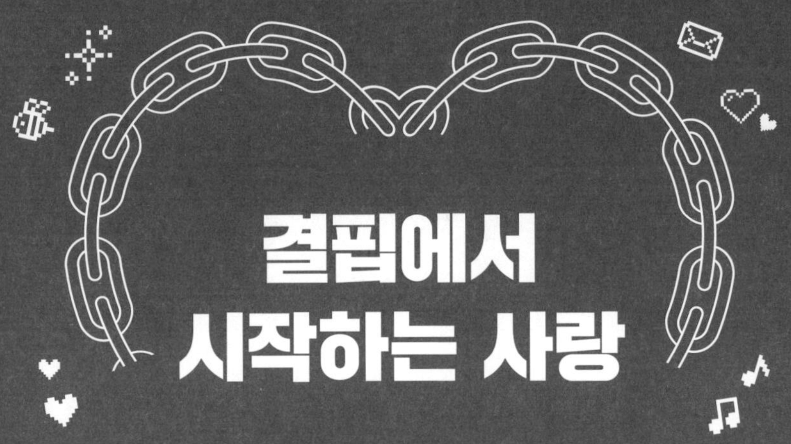

결핍에서
시작하는 사랑

"우리는 우리가 가지지 못한 것을 사랑한다."
_플라톤

좋은 밤 좋은 꿈 (2020)

노래: 너드커넥션 | 작사: 서영주

저 많은 별을 다 세어보아도
그대 마음은 헤아릴 수 없어요
그대의 부서진 마음 조각들이
차갑게 흩어져 있는 탓에

그댄 나의 어떤 모습들을
그리도 깊게 사랑했나요
이제 내가 해줄 수 있는 건
좋은 밤, 좋은 꿈, 안녕
좋은 밤, 좋은 꿈, 안녕

시월의 서늘한 공기 속에도
장미향을 난 느낄 수가 있죠
오월 어느 날에 피었던
빨갛던 밤을 기억하거든요

그댄 나의 어떤 모습들을
그리도 깊게 사랑했나요
이제 내가 해줄 수 있는 건
좋은 밤, 좋은 꿈, 안녕

까만 밤이 다 지나고 나면
이야기는 사라질 테지만
이름 모를 어떤 꽃말처럼
그대 곁에 남아 있을게요

나는 그대 어떤 모습들을
그리도 깊게 사랑했었나
이제 내가 해줄 수 있는 건
좋은 밤, 좋은 꿈, 안녕

이별은 끝이 아니라
변화의 과정

이 노래는 시작부터 '이해할 수 없는 마음'을 이야기합니다.

저 많은 별을 다 세어보아도 그대 마음은 헤아릴 수 없어요

별을 세는 건 아주 구체적인 행동이지만, '그대의 마음'은 숫자처럼 셀 수도, 계산할 수도 없습니다. 철학자 들뢰즈는 **세상을 하나의 기준으로 설명할 수 없다**고 말했습니다. 사람도 마찬가지예요. 사람의 마음은 늘 변하고, 같은 상황이라도 다르게 느낄 때가 있죠. 그래서 노래 속 화자는 그대 마음을 헤아릴 수 없다고 말합니다. 이 말은 '당신은 그만큼 깊고 복잡한 존재예요.'라는 인정이기도 합니다.

그대의 부서진 마음 조각들이 차갑게 흩어져 있는 탓에

사람이 상처를 받으면 마음이 조각나는 것 같아 아프죠. '그대 마음'도 그렇게 흩어져 있습니다. 이 부분을 들뢰즈의 말로 바꿔보면, **사람의 마음은 하나의 완성된 덩어리가 아니라 늘 변하고 흩어지는 존재**라는 뜻이 됩니다. 그러니까 이 노래는 '당신과는 이제 끝이다.'가 아니라, '당신이 부서졌기 때문에 다시 새로워질 수도 있다.'라는 희미한 가능성을 품고 있습니다. 흩어진 조각은 완전히 사라진 것이 아니라 다른 형태로 세상 속에 남아 있으니까요.

시월의 서늘한 공기 속에도 장미향을 난 느낄 수가 있죠

이 구절은 시간의 흐름을 보여줍니다. 이미 '시월', 즉 가을이 되었지만, 화자는 여전히 '오월의 장미향'을 느낀다고 말해요. 이건 우리가 사랑을 겪을 때 느끼는 감정의 잔향과 비슷합니다. 사랑이 끝나도 냄새나 빛, 노래 한 소절이 문득 그 사람을 떠올리게 하죠. 들뢰즈는 이런 감각을 '영향(affect)'이라고 불렀습니다. 누군가와의 관계는 끝나도, 그 사람이 남긴 향기나 감정은 여전히 우리 안에 작용한다는 뜻이에요. 그래서 이 구절은 '사랑은 사라졌지만, 그 느낌은 아직 내 안에 살아 있다'는 뜻으로 읽을 수 있습니다.

까만 밤이 다 지나고 나면 이야기는 사라질 테지만

이름 모를 어떤 꽃말처럼 그대 곁에 남아 있을게요

이 부분은 정말 아름다워요. '이야기'는 끝나지만, '꽃말'처럼 은근히 남아 있겠다고 말합니다. 사랑이 끝나면 둘 사이의 '이야기'는 끝나지만, 그 사랑의 흔적이나 그때의 마음은 사라지지 않죠. 마치 이름 모를 꽃의 향기처럼 그대의 삶 어딘가에 남아서 영향을 주게 됩니다. 들뢰즈는 이런 상태를 '생성(becoming)'이라고 불렀어요. 완전히 끝나는 것이 아니라 형태를 바꿔 이어지는 것이죠. 이별 뒤에도 사랑의 감정은 다른 모습으로, 다른 시간 속에서 조용히 이어집니다.

나는 그대 어떤 모습들을 그리도 깊게 사랑했었나

이 마지막 구절은 시선이 바뀝니다. 처음엔 '그댄 나의 어떤 모습을 사랑했나요?'라고 묻더니, 마지막엔 '나는 그대의 어떤 모습을 사랑했었나?'라고 스스로 되묻습니다. 이건 사랑의 끝에서 비로소 자신을 돌아보는 순간이에요. 사랑을 통해 '그대'만이 아니라 '나'도 변했음을 깨닫는 것이죠. 이별이 슬픈 이유는 단순히 사람을 잃어서가 아니라 그 사람을 통해 알게 된 '나의 한 부분'도 사라지기 때문입니다. 하지만 이 노래의 마지막 인사는 여전히 따뜻합니다.

좋은 밤, 좋은 꿈, 안녕

이건 슬픈 작별이 아니라 감사와 수용의 인사로 들립니다. 들뢰즈의 철학으로 말하자면, 이 노래는 '끝'이 아니라 '변화'의 이야기입니다. 사랑은 사라지는 게 아니라 형태를 바꾸어 다른 곳에서 계속 살아가는 힘이에요. 그래서 이 노래의 마지막 인사는 이별을 전하는 말이면서, '잘 지내요. 나도 새로운 나로 살아갈게요.'라는 잔잔한 다짐이기도 합니다.

바람이 불었으면 좋겠어 (2014)

노래: 길구봉구 | 작사: 이봉구 외

웃는 모습이 너무 아름다운
그런 너를 기억하면서
괜찮아, 넌 잘할 거라 말하던
또 그런 너를 기억하면서
뭐가 그리 내 눈에 깊이 박혔는지
너무 선명해서 이젠 보낼 수가 없잖아

바람이 불었으면 좋겠어
널 잊어내도록, 널 씻어내도록
바람이 불었으면 좋겠어
남은 마음까지도 멀리멀리 날아갈 수 있도록

어느새 너의 얼굴을 떠올려
또 그런 나를 바라보면서
뭐가 그리 내 눈에 깊이 박혔는지
너무 선명해서 이젠 보낼 수가 없잖아

바람이 불었으면 좋겠어
널 잊어내도록, 널 씻어내도록
바람이 불었으면 좋겠어
남은 마음까지도 멀리멀리 날아갈 수 있도록

엉켜버린 나의 마음이 다시금
너로 제자리를 찾아가
머리를 흔들어 봐도
억지로 다른 생각을 해도
나는 너만

내 얘기를 들었으면 좋겠어
닿을 수 있도록, 널 볼 수 있도록
내 얘기를 들었으면 좋겠어
흔들 수 있도록, 날 볼 수 있도록

바람이 불었으면 좋겠어
내 맘 전해지도록
너에게로 다시 갈 수 있도록

기억에 머문 마음
그리고 바람을 기다림

혹시 문득문득 떠오르는 얼굴이 있나요? 아니면 잊고 싶은데 자꾸 생각나고, 그 모습이 선명하게 남아 가슴을 아리게 하는 사람이 있나요? 〈바람이 불었으면 좋겠어〉는 그런 '기억의 무게'를 노래합니다. 단지 이별을 슬퍼하는 것이 아니라, '잊지 못하는 나 자신'과의 싸움, 그리고 그것을 이겨내기 위한 '바람'을 기다리는 노래입니다.

노래 첫 부분에서 화자는 이렇게 고백해요.

웃는 모습이 너무 아름다운 그런 너를 기억하면서

뭐가 그리 내 눈에 깊이 박혔는지

너무 선명해서 이젠 보낼 수가 없잖아

이처럼 지나간 시간 속 어떤 기억은 우리 마음 깊이 각인되어 잘 지워지지 않아요. 이는 독일의 철학자 하이데거가 제시한 '현존재(Dasein)'라는 개념과 연관됩니다. 현존재는 단순히 살아 있는 존재가 아니라, **세상 안에서 끊임없이 기억하고 선택하고 의미를 만들어 가는 존재**라는 뜻이에요.

인간은 책상이나 돌멩이처럼 그저 '있는 것'과는 달라요. 우리는 늘 무언가를 생각하고, 무언가를 기다리고, 과거의 기억과 미래에 대한 불안 속에서 흔들리며 살아가죠. 예를 들어, 어떤 친구가 나와 멀어졌을 때 단순히 상황의 변화로 끝나는 것이 아니라 '왜 그랬을까?', '내가 뭘 잘못했을까?', '다시 친해질 수 있을까?' 같은 질문과 감정들이 계속 떠오릅니다. 이런 식으로 자기 자신을 돌아보고 의미를 되묻는 존재, 그것이 바로 하이데거가 말한 '현존재'예요.

인간은 현재에만 머무는 것이 아니라 과거를 껴안고 현재를 살아가요. 또 미래를 향해 나아가죠. 이 노래 속 화자도 마찬가지예요.

머리를 흔들어 봐도, 억지로 다른 생각을 해도 나는 너만

엉켜버린 나의 마음이 다시금 너로 제자리를 찾아가

화자는 '지금, 여기'에 살고 있지만, 마음은 여전히 '그때, 거기'에 머물러 있어요. 하이데거에 따르면, 인간은 과거의 기억과 미래의 가능성을 끊임없이 해석하며 현재를 살아가는데, 이러한 '시간성(temporality)'이 바로 현존재의 본질이라고 했어요.

하이데거의 현존재 개념을 빌리면, 이 노래에서 '바람'은 단순한 자연의 바람이 아니에요.

바람이 불었으면 좋겠어. 널 잊어내도록, 널 씻어내도록

이 바람은 내 안에 머물던 감정을 털어내고 새로운 가능성을 향해 나아가게 하는 시간의 흐름, 혹은 존재 방식의 전환을 상징합니다. 앞서 말했듯이, 하이데거는 **인간이 단지 과거에 머무는 존재가 아니라 항상 미래를 향해 열려 있는 존재**라고 강조했어요. 슬픔에 빠질 수는 있지만, 거기에 머물러 있는 것이 아니라 언젠가는 다시 앞으로 나아가야 하죠. 바람은 바로 그런 전환의 가능성을 상징해요.

여러분도 비슷한 경험을 해봤을 거예요. 친구와 멀어졌을 때, 좋아하던 사람이 마음에서 멀어졌을 때…… 나 혼자 감정을 붙들고 있는 듯한 외로움. 그럴 때 마음속에서는 이런 생각이 떠오르죠. '그냥 바람처럼 다 날아가 버렸으면 좋겠다.' 이 노래는 그런 마음을 대신 말해 주고, 또 조용히 위로해 줍니다.

노래의 후반부에서 화자는 이렇게 말해요.

내 얘기를 들었으면 좋겠어. 닿을 수 있도록, 날 볼 수 있도록

화자는 자신의 진심이 멀리 떨어져 있는 상대에게 닿기를 바라고, 동시에 자기 존재를 확인받고 싶어 해요. 하이데거는 **인간이란 '세상 속에 던져진 존재'이면서 동시에 '세상과 관계 맺으며 의미를 만들어 가는 존재'**라고 했어요. 이 말은 우리가 외로울 수밖에 없는 존재이지만, 동시에 그 외로움 속에서도 누군가와 다시 연결되기를 끊임없이 바라는 존재라는 뜻이에요.

결국 〈바람이 불었으면 좋겠어〉는 기억에 머무르면서도 여전히 살아가고 싶은 마음, 또 '그 사람을 보내고 싶지만 동시에 다가가고 싶은 복잡한 마음'을 노래하고 있어요. 이 모순된 감정이 바로 인간 존재의 본질입니다.

이 노래는 우리에게 이렇게 말해 주는 것 같아요.

"지금 마음이 무겁더라도 괜찮아. 바람이 불 거야. 언젠가는 다시 네 마음이 움직이고, 그 기억도 다른 의미가 되어줄 거야."

우리 집을 못 찾겠군요 (2017)

노래: 매드클라운 | 작사: 매드클라운

착해 빠진 게 독한 소리 할 때
분명 지 속도 속 아니었겠죠
잡는 목소리 머뭇거리지도 않고
날 떠날 땐 분명 이 악물었겠죠
상처받지 않은 듯 돌아섰지만
애같이 눈물을 사탕처럼
막 흘리면서 가, 다 흘리면서 가
자기보다 큰 슬픔을 쇠똥구리처럼
힘겹게 굴리면서 가
난 왜 그런 널 안지 못했을까
그날 결판 짓던 순간에 터널 같던 너의 눈가
그 생각만 하면 자꾸 내 맘이 짠해

저기요, 좀 찾아주세요
그 사람, 나 아니면 갈 곳이 없어요
마른 두 다리로 어딘가 헤맬 텐데
내가 집이 돼주기로 했는데

그리워서 그리워서 밤하늘 바라봐요
그대 알아? 나도 그대 마음과 같아
시간 지나 사랑이면, 그래도 사랑이면
Lonely you 돌아와, 너의 집으로

서로의 심술 맞은 자존심
딱 그 정도 거리만큼 우린 떨어져 걸었어
뾰족한 맘, 괜히 툭 뱉은 말들에 비해
진심은 항상 한 박자 느렸어
그 한 발짝 물러서기가 그렇게 힘들어
이 꼴 저 꼴 다 본 끝에 여기까지네
30평 아파트가 돼주고 싶었는데
겨우 원룸밖에 못 돼줘서 미안해

처음엔 시원했어, 너 떠나간 후 싹 지워냈어
그런 줄 알았어, 근데 아니더라고
나도 모르게 익숙한 뒷모습을 몰래 따라가더라
넌 줄 알았어
친구들은 다 '나쁜 년'이라고 술자리서 욕하는데
속으론 '지들이 뭘 안다고', 니 편들게 되더라
머리가 아프네
집 가야지, 지갑 어디다 뒀더라

그리워서 그리워서 밤하늘 바라봐요
그대 알아? 나도 그대 마음과 같아
시간 지나 사랑이면, 그래도 사랑이면
Lonely you 돌아와, 너의 집으로

아저씨, 사실 나, 갈 곳 없어요
그 사람 아니면 내 마음 둘 곳 없어요
어딜 가야 다시 볼 수 있을까요
우리 집을 못 찾겠군요

아저씨, 그 사람 찾아주세요
그 사람, 나 아님 잠들 곳 없어요
어딜 가야 다시 볼 수 있을까요
우리 집을 못 찾겠군요

그리워서 그리워서 밤하늘 바라봐요
그대 알아? 나도 그대 마음과 같아
시간 지나 사랑이면, 그래도 사랑이면
Lonely you 돌아와, 너의 집으로

저 골목길 돌면 자주 걷던 길과
너가 마중 나왔던 버스 정류장
미용실을 지나 오르막길 올라서 가다 보면
어느새 불 꺼진 너의 집 앞
난 믿어, 그리워하다 언젠가
우연처럼 만나게 될 만화 같은 기적

그 사람, 지금 어디 있을까요
난 우리 집을 못 찾겠군요

돌아봐도 사랑이면, 그래도 사랑이면
그땐 울고 있는 나를 찾아줄래?

이별 후,
감정의 재구성

익숙하던 길이 갑자기 낯설게 느껴졌던 적이 있나요? 늘 지나다니던 골목길, 자주 가던 편의점 앞이 왠지 모르게 허전하고 쓸쓸하게 느껴지는 순간이요. 그건 아마도 그 공간과 연결된 감정이 변했기 때문일지도 모릅니다.

'심리지리학(psychogeography)'이라는 학문 분야가 있어요. 도시 공간을 단지 건물과 거리의 집합으로 보지 않고, 그 안에서 사람들이 어떤 감정을 느끼고, 기억과 감성을 통해 장소를 어떻게 재해석하는지를 다루는 학문입니다. 낯설지만 흥미롭죠?

이런 심리지리학의 관점으로 보면, 〈우리 집을 못 찾겠군요〉는 이별한 뒤에 마주하는 도시의 공간들이 어떻게 다르게 느껴지는지를 보여주는 이야기예요. 이 노래의 화자는 연인과 이별 후 '집'을 찾지 못하겠다며 도시를 헤매고 있어요. 여기서 말하는 '집'은 단순한 건물이 아니라, 그 사람과 함께했던 추억과 사랑이 깃든 공간을 뜻해요. 그러니까 화자에게 이제 더 이상 '우리 집'은 존재하지 않는 것이죠.

노래 속 화자는 그와 함께 걸었던 길, 자주 마주쳤던 버스 정류장, 나란히 지나던 미용실 같은 장소들을 하나하나 되짚으며 걸어갑니다. 과거에는 그저 일상의 풍경이었지만, 이제는 모두가 그 사람의 부재를 절실히 깨닫게 만드는 장소가 된 거예요. 화자는 **몰래 따라가더라**라고 말합니다. 이는 의도적인 행동이 아니라, 기억에 이끌려 몸이 그렇게 반응한 거예요. 심리지리학은 이런 현상에 주목합니다. **우리는 마음속에서 이미 어떤 공간에 특별한 의미를 부여한 채 살아가고 있고, 그 의미는 감정에 따라 언제든 바뀔 수 있다**는 것이죠.

이 노래에서 특히 주목할 표현이 있어요.

자기보다 큰 슬픔을 쇠똥구리처럼 힘겹게 굴리면서 가

쇠똥구리는 자기보다 크고 무거운 것을 굴리며 살아가죠. 이 모습은 사랑을 잃은 사람이 너무 커져버린 상실감을 어떻게든 감당하며 살아가는 모습과 겹쳐요. 감당하기에는 벅차지만, 어쩔 수 없이 품고 가야 하는 감정이죠.

우리는 이별 후 같은 장소를 맴돌기도 해요. 그건 단순한 미련이나 집착 때문이 아니라, 한때 나의 삶을 구성했던 중요한 장소와 감정의 흔적을 지우기 어려운 인간의 자연스러운 심리 때문이라고 해요. 심리지리학은 이처럼 '상처 입은 장소들'을 다시 걷는 행위를 치유의 과정으로 보기도 합니다. 내가 겪은 감정을 받아들이고, 다시 그 공간 위에 새로운 감정을 덧입혀 나가는 과정이라 할 수 있죠.

이 노래 속 화자는 결국 '집'을 찾지 못합니다. '우리 집'은 더 이상 존재하지 않으니까요. 그리움의 길 끝에는 불 꺼진 창만이 남아 있어요. 화자는 이별한 연인에게 마지막으로 이렇게 묻습니다.

그땐 울고 있는 나를 찾아줄래?

이 말은 단순히 재회를 바라는 마음이 아니에요. 감정이 이끄는 대로 헤매고 있는 화자의 절박한 구조 요청처럼 들립니다. 누구나 삶 속에서 이런 감정을 느낄 때가 있어요. 이별이 주는 상실감에 무너져 내리고, 갈 곳 몰라 끝없이 방황하기도 하죠. 이럴 때 우리 안의 감정을 제대로 들여다보고 그걸 이해하려는 노력이 필요해요. 그렇게 감정의 소용돌이를 잘 겪어내야 평온한 일상으로 빨리 돌아올 수 있답니다.

뜨거운 여름밤은 가고 남은 건 볼품없지만 (2016)

노래: 잔나비 | 작사: 잔나비

그땐 난 어떤 마음이었길래
내 모든 걸 주고도 웃을 수 있었나
그대는 또 어떤 마음이었길래
그 모든 걸 갖고도 돌아서 버렸나

뜨거운 여름밤은 가고
남은 건 볼품없지만
또다시 찾아오는 누군갈 위해서
남겨두겠소

다짐은, 세워 올린 모래성은
심술이 또 터지면 무너지겠지만

뜨거운 여름밤은 가고
남은 건 볼품없지만
또다시 찾아오는 누군갈 위해서
남겨두겠소

그리운 그 마음 그대로
내 맘에 담아둘 거야
언젠가 불어오는 바람에
남몰래 날려보겠소

눈이 부시던 그 순간들도
가슴 아픈 그대의 거짓말도
새하얗게 바래지고

비틀거리던 내 발걸음도
그늘 아래 드리운 내 눈빛도
아름답게 피어나길

덧없지만
아름다운 것들

살다 보면, 비록 남들에겐 하찮아 보일지라도 내게만은 잊지 못할 순간들이 있습니다. 예를 들면, 어느 여름밤 누군가와 마주 앉아 있던 조용한 골목, 가슴 설레게 했던 어떤 사람의 다정한 눈빛 같은 것들이요. 반면, 찬란했던 날들이 어느 순간에 흔적도 없이 사라져버리기도 하죠. 〈뜨거운 여름밤은 가고 남은 건 볼품없지만〉은 바로 그런 순간을 노래합니다. 지나간 사랑, 지나간 감정, 그리고 그것을 받아들이는 마음에 대해서요.

이 노래를 가만히 듣고 있으면, 마치 동양철학의 한 대목을 노랫말로 바꾸어 놓은 것 같은 느낌이 듭니다. 차올랐던 감정이 사라진 자리에 남겨진 고요한 흔적. 화자는 그걸 억지로 붙잡거나 지우려 하지 않고, 가만히 마음에 담아두려 하죠.

이런 마음은 불교에서 중요하게 여기는 '무상(無常)'이라는 개념과 관련이 깊어요. 무상이란, **세상 모든 것은 변하고 사라지며 머무르지 않는다**는 뜻이에요. 우리가 흔히 쓰는 '인생무상'이라는 말은 삶의 모든 순간이 영원하지 않다는 의미죠.

뜨거운 여름밤은 가고 남은 건 볼품없지만

이 가사는 무상의 개념을 감성적으로 표현하고 있어요. 뜨겁고 아름다웠던 감정도 결국은 지나가고, 그 자리에 남은 건 사소하고 초라한 흔적뿐일 수 있죠. 그러나 불교에서는 그 '초라한 흔적'조차 깨달음과 자각의 기회가 된다고 말합니다.

그리운 그 마음 그대로 내 맘에 담아둘 거야

노래 속 화자는 덧없는 감정에 집착하기보다는 그것을 조용히 품어요. 이렇게 기억하고 수용하는 태도는 수행자의 자세와 닮았습니다.

또 이 노래는 장자의 철학과도 잘 어울려요. 장자는 자연의 흐름에 거스르지 않고 그대로 따르는 삶, 곧 무위자연(無爲自然) 같은 삶을 이상적이라고 보았어요. 노래 속 화자는 사랑의 끝에 무너지고 속고 흔들리지만, 그 감정을 억지로 고치려 하지 않아요. 오히려 이렇게 말하죠.

언젠가 불어오는 바람에 남몰래 날려보겠소

이 말, 너무 멋있지 않나요? 아픈 마음을 애써 밀어내지 않고, 그저 바람이 불면 그 바람에 실어 보내겠다는 겁니다. 억지로 애써서 해결하려고 하기보다 그냥 자연스럽게 흐르게 두는 태도. 이는 **물은 부딪히지 않지만 모든 것을 이긴다**는 장자의 말을 떠올리게 해요. 물처럼 흐르는 삶, 그 유연함 속에서 우리는 참다운 자유를 찾을 수 있어요.

우리는 종종 누군가의 말에 상처받기도 하고, 사소한 오해로 관계가 어긋나기도 하고, 또 칭찬 한마디에 종일 뿌듯해하기도 합니다. 그런 감정은 결코 잘못된 것이 아니에요. 중요한 건, 그 감정을 어떻게 바라보고 받아들이느냐 하는 거죠. 이 노래는 우리에게 이렇게 말합니다.

그늘 아래 드리운 내 눈빛도 아름답게 피어나길

바로 이 부분이 이 노래가 가진 동양철학의 메시지를 가장 잘 보여줍니다. 찬란하고 빛나는 것만이 아름다운 것이 아니라, 어두운 기억과 슬픔 속에서도 아름다움은 피어날 수 있어요. 꼭 눈부셔야만 가치 있는 건 아니니까요. 흐릿한 기억, 볼품없는 감정 안에도 따뜻하고 깊은 의미가 숨어 있다는 말입니다.

살면서 우리는 계속해서 무언가를 잃고 또 얻어요. 사랑하는 사람이 떠나가기도 하고, 친했던 친구와 멀어지기도 하죠. 하지만 그런 삶의 흐름을 억지로 바꾸거나 지우려 하지 않아도 돼요. 그냥 흐르게 두거나 가슴 한구석에 품고서 기다리는 것이 오히려 더 단단하고 아름다운 태도일 수 있어요.

지금 여러분이 어떤 감정 속에 있든, 혹은 어떤 상실 앞에 서 있든 이 노래처럼 자신에게 말해 줄 수 있으면 좋겠어요. "지나간 감정도, 볼품없는 흔적도 결국 나의 일부로 남아서 나를 더 깊게 만들 거야."라고 말이에요. 그리고 이 노래의 마지막 구절처럼, 언젠가 여러분의 눈빛도 그 모든 걸 품은 채 아름답게 피어날 겁니다.

모르시나요

노래: 조째즈 | 작사: 안영민, K-smith

찬 바람 불어오니
그대 생각에 눈물짓네
인사 없이 떠나시던 날
그리움만 남겨놓고

그리워 글썽이는 내 가슴속에
오늘 그대 수천 번은 다녀가시네
나는 목놓아 그대를 소리쳐 불러도
그댄 아무런 대답조차 하지 않네요

기다리는 나를 왜 모르시나요
어느 계절마다 난 기다리는데
그저 소리 없이 울수록 서러워 서러워
돌아와요, 나의 그대여
모르시나요

눈물은 한없이 쏟아져 내려도
슬픈 나의 두 눈은 끝내 마를 날 없네
나의 이별은 이토록 왜 가슴 시린지
왜 나 혼자만 이렇게 또 가슴 아픈지

기다리는 나를 왜 모르시나요

어느 계절마다 난 기다리는데
그저 소리 없이 울수록 서러워 서러워
돌아와요, 나의 그대여
모르시나요

찬 바람 불어오니
그대 생각에 눈물짓네
인사 없이 떠나시던 날
그리움만 두고 가네

보이지 않아도
더 가까이 있는 사람

내 곁에 머물던 누군가가 떠난 후에 오히려 그 사람이 더 선명하게 느껴질 때가 있어요. 〈모르시나요〉는 그런 감정을 마치 오래된 편지처럼 우리 마음에 전해 줍니다. 이 노래를 듣고 있으면, 마치 조선시대의 애절한 시조나 〈가시리〉 같은 옛노래가 떠오르기도 해요. 사랑하는 사람이 아무 말도 없이 떠나고, 남겨진 사람은 계절이 바뀔 때마다 그 사람을 떠올리며 눈물짓는 모습이 참 닮았거든요.

노래 속 화자는 매일 떠난 사람을 생각해요. 그리고 그 사람이 돌아오길 바라죠. 하지만 아무런 대답도 없고, 그 기다림은 허공으로 흩어져 버립니다. 점점 화자의 마음은 슬픔으로 가득 차요. 그런데 이상하게도, 그 사람이 없는데 더 가까이에 있는 것처럼 느껴집니다. 이건 그냥 착각일까요?

프랑스의 철학자 자크 데리다는 이런 상황을 '부재 속의 존재', 즉 **없지만 있어서 더 강하게 느껴지는 존재**라고 표현했어요. 누군가가 지금 내 곁에 없더라도, 그 사람이 남긴 흔적들(목소리, 기억, 행동

같은 것들)이 내 안에서 계속 살아 숨 쉰다는 거예요. 그래서 오히려 실제로 있을 때보다 더 강하게 '있음'을 느끼는 것이죠.

그리워 글썽이는 내 가슴속에

오늘 그대 수천 번은 다녀가시네

이 문장을 천천히 읽어보면 화자의 애절함이 느껴져요. '수천 번'이라는 말은 그냥 숫자가 아니라, 자꾸 떠오르는 기억, 잊고 싶어도 잊히지 않는 감정의 깊이를 나타냅니다. 아마도 마음에 남은 상처처럼 계속해서 현재를 덧칠하고 새롭게 만들어지는 감정일 거예요. 그래서 그 사람은 이미 떠났지만, 여전히 내 하루 속을 바쁘게 드나드는 것처럼 느껴지죠.

데리다는 **존재는 언제나 흔적으로만 나타난다**고 했어요. 우리가 누군가를 온전히 다시 만날 수는 없지만, 그 사람이 남긴 흔적은 우리 안에서 여전히 말을 걸고 있다는 뜻이죠. 노래 속 '그대'도 바로 그런 존재예요. 실제로는 곁에 없지만, 화자의 삶 속에 여전히 머물며 모든 감정에 흔적을 남깁니다.

문학적으로도 이 노래는 아주 인상 깊어요. 감정을 강하게 드러내기보다는, 마치 비 오는 날 창밖을 바라보듯 애잔하고 은근하게 슬픔을 표현해요. 그래서 오히려 더 깊은 울림이 생깁니다. 특히 **오늘 그대 수천 번은 다녀가시네** 같은 표현은, 그리움이 반복되고 그 반복이 다시 현재를 바꿔놓는다는 점에서 시적인 아름다움을 지니고 있어요.

결국 이 노래 속 화자의 슬픔은 떠난 사람을 계속해서 떠올리고 마음속에서 그를 지우지 못하기 때문에 더 깊어지는 거예요. 하지만 이런 슬픔이 꼭 나쁜 것만은 아닙니다. 떠난 사람의 흔적이 남아, 마음으로는 여전히 함께할 수 있으니까요. 부재는 끝이 아니라 또 다른 방식의 '같이 있음'일 수 있어요.

누군가를 진심으로 사랑했다면, 그 사람을 완전히 지우는 게 쉽지 않아요. 그리고 그 흔적이 때로는 우리를 울게도 하지만, 그만큼 깊이 사랑했음을 보여주는 증거이기도 합니다.

밤양갱 (2024)

노래: 비비 | 작사: 장기하

떠나는 길에 니가 내게 말했지
"너는 바라는 게 너무나 많아
잠깐이라도 널 안 바라보면
머리에 불이 나버린다니까"

나는 흐르려는 눈물을 참고
하려던 얘길 어렵게 누르고
"그래, 미안해"라는 한마디로
너랑 나눈 날들 마무리했었지

달디달고 달디달고 달디단 밤양갱 밤양갱
내가 먹고 싶었던 건
달디단 밤양갱, 밤양갱이야

떠나는 길에 니가 내게 말했지
"너는 바라는 게 너무나 많아"
아냐, 내가 늘 바란 건 하나야
한 개뿐이야, 달디단 밤양갱

달디달고 달디달고 달디단 밤양갱 밤양갱
내가 먹고 싶었던 건
달디단 밤양갱, 밤양갱이야

상다리가 부러지고
둘이서 먹다 하나가 쓰러져 버려도
나라는 사람을 몰랐던 넌

떠나가다가 돌아서서 말했지
"너는 바라는 게 너무나 많아"
아냐, 내가 늘 바란 건 하나야
한 개뿐이야, 달디단 밤양갱

내가 바란 건
딱 하나

〈밤양갱〉은 이별 노래지만, 그 안에는 '욕망'과 관련된 철학적 주제가 담겨 있어요. 여기서 말하는 '밤양갱'은 우리가 아는 과자이기도 하지만, 화자가 진짜로 바랐던 것을 나타내는 상징물이기도 해요. 예를 들면, 사랑받고 싶은 마음이나 인정받고 싶은 마음 같은 것이죠. 프랑스의 철학자이자 정신분석가인 자크 라캉의 '욕망 이론'으로 이 노래를 들여다보면, 우리가 왜 사랑받고 싶어 하는지를 좀 더 깊이 이해할 수 있어요.

라캉은 **인간은 결핍된 존재**라고 했어요. 인간은 누구나 자신이 부족하다고 느끼기 때문에 끊임없이 채우려고 하는데, 그런 결핍이 바로 '욕망'의 시작점이라고 합니다. 그런데 중요한 건, 우리가 원하는 그 무엇이 늘 바뀌기 때문에 결코 완전히 채워지지 않는다는 거예요.

〈밤양갱〉의 화자도 마찬가지예요. 겉으로는 밤양갱 하나만 원한다고 하지만, 그 말 안에는 사실 '나를 사랑해 줘', '나를 알아줘', '나를 소중히 여겨줘' 같은 마음이 들어 있어요. 그런데 화자의 연인은 그걸 이해하지 못했어요. 그래서 바라는 게 많다며 떠나버렸죠. 결국 화자의 결핍은 채워지지 못했습니다.

라캉이 말한 '타자의 욕망(desire of the Other)'이라는 개념도 이 노래의 메시지를 해석하는 데 도움이 돼요. 라캉은 **타자가 욕망하는 것을 나도 욕망하게 된다**고 했어요. 다른 사람이 중요하다고 여기는 것, 혹은 다른 사람이 인정해 줄 만한 것을 욕망하는 경향이 있다는 뜻이에요.

예를 들면, 친구들 사이에서 인정받고 싶어서 유행하는 옷을 사 입거나, 좋아하는 사람에게 잘 보이려고 일부러 관심사를 맞추는 경우가 있죠. 또 부모님의 기대에 부응하고 싶어 공부를 더 열심히 하기도 하고요. 이처럼 우리의 욕망은 타인의 시선과 연결되는 경우가 많아요. 특히 청소년 시기에는 이 '타자의 욕망'이 더 강하게 작용합니다.

내가 늘 바란 건 하나야, 한 개뿐이야, 달디단 밤양갱

〈밤양갱〉의 화자는 자신이 바라고 원한 것이 하나였다고 고백해요. 달디단 밤양갱을 먹는 것. 앞서 '밤양갱'의 상징적인 의미와 연결해 보면, 소중하게 느껴지는 존재가 되고 싶었다는 말과 같아요. 하지만 그 마음은 받아들여지지 않고, 오해로 남게 되죠. 결국 화자는 **그래, 미안해**라고 말하며 물러납니다. 자신의 욕망이 너무 크거나 이기적인 것이 아니었음을 알면서도, 끝내 이해받지 못한 채 이별을 받아들이는 거죠.

우리는 끊임없이 누군가의 사랑, 인정, 이해를 원하지만, 그것이 완벽하게 채워질 수는 없어요. 그래서 인간은 계속해서 욕망하고, 부딪히고, 실망하고, 좌절하면서도 다시 누군가를 향해 나아가요. 그 과정에서 우리는 '나'를 더 알게 되고, 타인과 더 진실한 관계를 바라게 됩니다.

그런 의미에서 〈밤양갱〉은 단순한 이별 노래가 아닙니다. 이 노래는 말해요. 사랑받고 싶은 마음은 잘못이 아니라고, 욕망하는 나는 부족한 존재가 아니라 살아 있는 존재라고 말이죠. 혹시 누군가에게 '내 마음 좀 알아줘.'라고 속으로 외쳐본 적이 있나요? 혹은 너무 큰 기대를 했다고 오해받은 적이 있나요? 그렇다면 〈밤양갱〉은 여러분의 마음을 위로해 주는 노래가 될 수 있어요. 욕망은 우리가 인간으로 살아가며 피할 수 없는 감정이죠. 그리고 그 욕망을 들여다보는 일은 우리가 누구인지, 무엇을 진심으로 원하는지 알아가는 과정이기도 합니다.

너의 모든 순간 (2014)

노래: 성시경 | 작사: 심현보

이윽고 내가 한눈에 너를 알아봤을 때
모든 건 분명 달라지고 있었어
내 세상은 널 알기 전과 후로 나뉘어

니가 숨 쉬면 따스한 바람이 불어와
니가 웃으면 눈부신 햇살이 비춰

거기 있어줘서, 그게 너라서
가끔 내 어깨에 가만히 기대주어서
나는 있잖아, 정말 빈틈없이 행복해
너를 따라서 시간은 흐르고 멈춰

물끄러미 너를 들여다보곤 해
그것 말고는 아무것도 할 수 없어서
너의 모든 순간, 그게 나였으면 좋겠다
생각만 해도 가슴이 차올라, 나는 온통 너로

보고 있으면 왠지 꿈처럼 아득한 것
몇 광년 동안 날 향해 날아온 별빛, 또 지금의 너

거기 있어줘서, 그게 너라서
가끔 나에게 조용하게 안겨주어서

나는 있잖아, 정말 남김없이 고마워
너를 따라서 시간은 흐르고 멈춰

물끄러미 너를 들여다보곤 해
너를 보는 게 나에게는 사랑이니까
너의 모든 순간, 그게 나였으면 좋겠다
생각만 해도 가슴이 차올라, 나는 온통 너로
니 모든 순간, 나였으면

너의 모든 순간에
머무는 나

사랑은 나와 너의 세상을 변화시킬 만큼 강력한 힘을 지닙니다. 〈너의 모든 순간〉은 사랑에 빠진 화자의 벅찬 마음과 늘 함께하고 싶은 바람을 이야기하는 노래예요.

내 세상은 널 알기 전과 후로 나뉘어

사랑은 나의 삶을 명확한 두 개의 시기로 나눌 만큼 내 삶에 들어와 깊은 흔적을 남깁니다. 〈너의 모든 순간〉은 그 사랑이 누군가의 삶에 조용히 참여하고 머무르려는 태도라는 것을 섬세하게 노래합니다. 이 노래에서는 사랑이라는 감정을 화려하거나 과장되게 표현하지 않아요. 그래서 오히려 더 진실하고 따뜻하게 다가옵니다.

프랑스의 철학자 가브리엘 마르셀은 사랑을 '참여의 철학'으로 설명했습니다. 그는 **인간은 고립되어 존재하지 않고, 타인과의 관계 속에서 살아간다**고 보았어요. 그리고 그 관계에서 가장 중요한 것은 단순히 곁에 있는 것이 아니라, 타인의 삶과 고통, 기쁨 그리고 침묵까지도 함께 나누는 '존재의 참여'라는 거예요. 마르셀은 **누군가를**

사랑한다는 것은 '그 사람을 갖는 것'이 아니라 '그 사람의 시간과 존재에 내가 함께하는 것'이라고 했어요. 이 노래에서 우리는 바로 그런 철학적 사랑을 발견할 수 있습니다.

거기 있어줘서, 그게 너라서

이 구절은 마치 마르셀이 말한 사랑의 정의를 그대로 옮겨놓은 것 같아요. 상대가 무언가를 해줬기 때문이 아니라, 그 자리에 존재해 줬기 때문에 고마운 마음이 진짜 사랑의 시작점이라는 겁니다. 누군가가 가만히 내 어깨에 기대고, 나를 바라보는 그 순간들이 쌓여서 내 삶이 조금씩 바뀌어 가는 경험. 이 노래의 화자는 바로 그 감정을 말하고 있어요. 말하자면, 사랑은 특별한 순간의 이벤트가 아니라 일상에서 발견되는 것입니다.

또한 이 노래는 시간에 대한 특별한 감각을 담고 있습니다.

너를 따라서 시간은 흐르고 멈춰

이 구절은 사랑할 때 우리가 경험하는 독특한 시간의 흐름을 잘 보여줍니다. 철학자들은 이런 감각을 '카이로스(Kairos)'라 불렀어요. 단순히 시계로 재는 시간, 즉 '크로노스(Cronos)'가 아니라 마음으로 느끼는 순간의 밀도와 길이를 의미하죠. 누군가와 함께 있을 때 시간이 너무 빠르게 지나가는 느낌, 혹은 짧은 순간인데도 오래도록 기억에 남는 느낌. 이 노래는 그런 '카이로스의 시간' 안에서 사랑하는 사람이 내 삶의 중심이 되어가는 과정을 들려줍니다.

그런데 이 사랑은 '이기적인 소유'가 아닙니다.

너의 모든 순간, 그게 나였으면 좋겠다

이 말은 '내가 널 차지하고 싶다'는 뜻이 아니라, '네 삶에 함께 있고 싶다'는 바람이에요. 마르셀은 **사랑이란 타인을 어떤 목표나 도구로 바라보지 않고, 그 존재 자체를 받아들이고 존중하는 관계**라고 했어요. 예를 들면, "너는 왜 그래?"라고 따지지 않고 "너의 그런 모습까지 함께할게."라고 말하는 태도죠. 이 노래의 화자 역시 사랑하는 사람의 숨결, 고요함, 웃음 그리고 조용한 눈빛까지도 사랑합니다. 그 어떤 장면도 놓치고 싶지 않다는 듯 그의 삶 전체에 스며들고 싶어 합니다.

여러분도 누군가와 함께하고 싶다는 마음을 가져본 적이 있나요? 그 사람이 웃고 우는 순간, 가만히 있는 순간…… 그 사람의 전부를 받아들이고 싶어지는 마음. 그게 바로 마르셀이 말한 '참여하는 사랑'입니다. 내가 누군가의 모든 순간에 함께할 수 있다면, '나'는 이제 '우리'라는 새로운 세계의 일부가 되는 거예요.

존재만으로

노래: 원슈타인 | 작사: 원슈타인, 마오

Miss you
한동안 난 멍하니 지내
시간은 바쁜 듯이 흘러
바람이 매몰차게 스쳐 가네
But I
네 생각으로 힘이 나네
방금 전에 널 본 것처럼
유난히 널 닮은 별 아래
세상이 환하게 보여
넌 나를 빛나게 해, 존재만으로

Bless you
너 없이 빈 하루가 가네
듬성하게 빈 공간 속에는
채워지네, 너만의 모습으로
But I
네 생각으로 힘이 나네
방금 전에 널 본 것처럼
하늘의 별이 반짝이네
내 마음 아는 것처럼
넌 나를 빛나게 해, 존재만으로

다시 혼자인 걸 알고 나면
마치 기다리고 있던 덫처럼 problems
I know, I know 짐을 덜고 싶지 않은 당신
그럼 난 말을 줄이며
하고 싶은 얘기를 뒤로 미루고
어느새인가 관심이 없어 보이며
그냥 지나가는 행인 1, 행인 2, 행인 3

침대 위로 누워버려 난
뭘 하고 있을까, 넌 알고 있을까
변했어, 나의 밤 새벽 2:45
전엔 지옥 같더니 이젠 설레는 마음
그길로 뛰어나간 난
우리 동네에서 제일 좋은 전망
그 밑을 내려다보며
'저기 어딘가에 있겠지' 하며
이 밤, 처음으로 웃었지

환한 네 미소처럼
넌 나를 빛나게 해, 존재만으로

존재만으로
빛나는 너

〈존재만으로〉는 '존재 자체'가 누군가의 삶에 얼마나 큰 빛이 될 수 있는지를 보여주는 노래입니다. **넌 나를 빛나게 해, 존재만으로**라는 표현이 주는 울림이 참 깊습니다. 그 빛은 아주 조용하게, 따뜻하게, 서서히 스며들 듯 다가옵니다.

이 노래는 극적인 사건이나 거창한 메시지를 담고 있진 않아요. '그리움', '기억', '빈 공간', '혼자만의 새벽'처럼 누구나 한 번쯤 경험했을 평범한 감정들을 담담하게 노래해요. 하지만 바로 그런 점이 이 곡을 더 진실하게 느껴지게 만들죠.

노래 속 화자는 누군가를 떠올리며 힘을 얻습니다.

네 생각으로 힘이 나네

세상이 환하게 보여

이런 표현에는 그 사람과 함께 있지 않아도 마치 방금 만난 것처럼 생생한 감정이 살아 있어요. 그리고 그 감정은 그 사람이 뭘 해줬기 때문이 아니라, 그냥 존재하기 때문에 생겨난 거예요.

프랑스의 철학자 시몬 드 보부아르는 **진짜 사랑은 그 사람을 있는 그대로 인정해 주고, 스스로의 삶을 살아가도록 도와주는 것**이라고 했어요. 이 말은 무슨 뜻일까요? 우리는 보통 누군가를 좋아할 때 '그 사람이 착해서', '재밌어서', '잘해 줘서' 같은 이유를 붙이곤 해요. 하지만 보부아르는 진짜 사랑은 그런 조건이 아니라, 그 사람이 어떤 모습이든 그대로 존중하고 받아들이는 마음이라고 말합니다. 그 사람이 내 기준에 맞지 않더라도, 나와 다르더라도 그가 자기 삶을 살아갈 수 있도록 지켜봐 주는 것이 진짜 깊은 사랑이라는 거예요.

〈존재만으로〉는 그런 사랑을 노래해요. 노래 속 화자는 '너'가 없어서 허전하고 밤마다 그리워하지만, 그 감정을 억지로 누르거나 부정하지 않아요.

그냥 네 생각으로 힘이 나네

너 없이 빈 하루가 가네

이런 표현은 상대를 소유하지 않으면서도 계속 함께한다고 느끼는 태도를 보여줘요. 이것이 바로 보부아르가 말하는 성숙한 사랑, 즉 **상대를 독립적인 존재로 존중하면서도 진심으로 소중히 여기는 태도**라고 볼 수 있겠죠.

또한 이 노래에서 화자는 사랑하는 사람에게 매달리거나 애써 잊으려고 하지도 않아요. 그 대신에 그 사람을 떠올리며 살아가고, 그 기억 덕분에 다시 웃고, 다시 설레는 감정을 되찾아요.

전엔 지옥 같더니 이젠 설레는 마음

이 가사가 딱 그런 순간을 보여줘요. 사랑은 삶의 무게를 덜어주는 가벼운 손길 같은 것일지도 몰라요. 꼭 곁에 있지 않아도, 마음을 지탱해 주는 존재 말이에요.

지금 여러분 곁에도 그런 존재가 있나요? 꼭 '사랑하는 사람'이 아니어도 좋아요. 말없이 기다려 주는 친구, 따뜻하게 밥을 차려주는 가족, 혹은 나를 믿어주는 선생님일 수도 있어요. 그리고 여러분이 누군가에게는 그런 존재일 수도 있어요. 아무 말 안 해도, 특별한 행동을 하지 않아도, 그냥 있는 것만으로 위로가 되고 힘이 되어주는 사람 말이에요.

찰나가 영원이 될 때 (2021)

노래: 마크툽 | 작사: 마크툽

서로를 향한 마음이
우주의 작은 뭉쳐짐이라면
이 아름다운 기억이 흩어져도
사라지진 않을 거야

잠들지 못한 바람은
고요히 빛나는 너의 바다로
그 안에 잠겨 죽어도 좋으니
나, 네 품에 안겨

너의 이름이 긴 밤을 지나
찰나가 영원이 될 때
얼마나 내가 널 좋아하면
달에 네 목소리가 보여
오색 빛 하늘 별숲 사이로
너라는 꽃이 피어나
그 세상의 반을 가진다 해도
그저 네 앞에선 꽃에 머물고픈 한 남자일 뿐

오롯이 나를 비춰요
어둠이 드리워도 눈이 부시게
눈물조차 반짝이는 밤의 기적을 노래하네

너의 이름이 긴 밤을 지나
찰나가 영원이 될 때
얼마나 내가 널 좋아하면
달에 네 목소리가 보여
오색 빛 하늘 별숲 사이로
너라는 꽃이 피어나
그 세상의 반을 가진다 해도
그저 네 앞에선 꽃에 머물고픈 남자일 뿐

밤하늘 수놓인 모든 것들이
운명 위로 내리는걸
내 꿈에 안긴 널 한 번 더 가득히 안아
시간을 넘어 빛이 닿는 세계의 바깥까지 함께
너의 깊은 미소의 황홀 속 일렁임은
영원과 이어질 거야

얼마나 내가 널 원하는지
눈을 감아도 너와 마주쳐
쏟아지는 달빛의 선율을 따라
자유의 날개로 향하는 봄날엔
너의 유일한 숨결이 분다

찰나의 기억,
영원이 되다

〈찰나가 영원이 될 때〉는 마치 한 편의 시처럼 섬세하고도 짙은 감정의 결을 따라 저 멀리 우주 공간으로 우리를 데려다줍니다. 노래를 듣다 보면 마치 시집을 넘기고 있는 듯한 착각이 들 만큼, 그 안에는 시적인 표현과 아름다운 비유가 가득합니다.

노래의 제목처럼, 이 노래는 아주 짧은 순간인 '찰나'가 어떻게 평생 잊히지 않는 '영원'이 될 수 있는지를 말하고 있어요. 여러분도 누군가와 함께한 순간이 오래도록 기억에 남았던 경험이 있지 않나요? 친구들과 교실에서 진지하게 이야기 나눴던 순간, 가족과 함께했던 어떤 한 끼의 기억, 벚꽃 아래에서 셀카를 찍던 봄날의 추억…… 이 노래는 바로 그런 순간들을 이야기하고 있습니다.

얼마나 내가 널 좋아하면

달에 네 목소리가 보여

이 구절은 사랑의 감정을 감각적으로 표현한 대표적인 예입니다. 보통 목소리는 들리는 것이지 '보이는' 것은 아니잖아요? 그런데 '달'이라는 환상적이고도 먼 존재와 '목소리'라는 아주 가까운 감각을 연결해서, 사랑이 얼마나 마음 깊은 곳에서 울려 퍼지는지를 시적으로 표현하고 있어요.

이처럼 이 노래는 소리, 빛, 바람, 바다, 숨결 같은 살아 있는 감각의 언어로 사랑을 이야기합니다. 그냥 '사랑한다'고 말하는 것이 아니라, 우리가 일상에서 느끼는 자연의 요소들과 연결하여 사랑의 감정을 표현하기 때문에 더 감동적이에요.

노래 속 화자는 사랑하는 사람과 함께했던 짧은 시간을 '우주적 이미지'로 확장해 표현해요. 사랑했던 시간이 찰나처럼 지나갔지만, 마치 별처럼 영원히 반짝이는 기억으로 남기를 바라는 것이죠. 사랑이라는 감정이 얼마나 커다란 울림을 주는지를 담담하면서도 깊이 있게 전해 주고 있어요.

독일의 철학자 마르틴 하이데거는 **시간은 단순히 흘러가는 것이 아니라 우리가 살아가는 방식**이라고 했어요. 우리가 어떤 순간을 '어떻게' 느끼고 기억하느냐에 따라, 그 순간이 영원보다 더 깊은 의미를 가질 수 있다는 뜻이죠. 이 노래가 말하는 '찰나의 영원함'도 바로 그런 철학적 인식과 맞닿아 있습니다.

또 이 노래를 인문학적인 시선으로 들여다보면 더 깊은 의미가 보이기 시작해요.

그 세상의 반을 가진다 해도

그저 네 앞에선 꽃에 머물고픈 남자일 뿐

이 구절은 로맨틱한 고백을 넘어서, 오늘날 우리가 사회에서 갖는 역할이나 기대에 관한 질문을 던집니다. 여기서 '세상의 반'은 권력이나 부, 사회적 성공을 상징하지만, 화자는 그것보다 더 소중한 것이 사랑하는 사람 앞에서의 '진심'이라고 말하고 있어요.

특히 자신을 '꽃'에 비유하는 표현은 흥미롭습니다. 전통적으로 '꽃'은 여성적인 이미지로 여겨졌는데, 이 노래에서는 남성 화자가 스스로를 '꽃'이라 부릅니다. 이건 시적 표현 이상의 의미를 담고 있어요. 더 강해 보여야 하고, 무언가를 성취해야만 가치 있는 존재가 되는 게 아니라, 사랑하는 사람에게는 그냥 한 송이 꽃처럼 다가가고 싶다는 것이죠. 이는 굉장히 순수하고 겸손한 자세예요. 어쩌면 이 노래는 '남자는 이래야 한다'는 고정된 틀을 깨는 새로운 사랑의 태도를 보여주는지도 모르겠습니다.

문학적으로 보면, 이 곡에는 '이름', '꽃', '목소리' 같은 단어들이 등장해요. 이 단어들을 보면 떠오르는 시가 있죠. 바로 김춘수 시인의 〈꽃〉이라는 시입니다. "내가 그의 이름을 불러주었을 때 / 그는 나에게로 와서 꽃이 되었다"라는 유명한 시구처럼, 이 노래도 사랑하는 사람을 '이름'과 '꽃'이라는 상징으로 표현하면서 존재에 의미를 부여합니다. 사랑을 통해 누군가를 존재하게 만드는 경험, 이것이 이 노래가 전하고자 하는 진짜 메시지일지도 몰라요.

이 노래를 듣다 보면, 사랑이란 꼭 거창한 것만은 아니라는 걸 느끼게 돼요. 찰나의 순간에 누군가를 바라보는 눈빛 하나, 따뜻한 말 한마디가 영원히 기억될 수 있다는 것. 그리고 그 순간들은 결국 우리를 더 좋은 사람, 더 깊이 느끼는 존재로 만들어 준다는 것. 이 노래는 바로 그런 이야기를 담아내고 있습니다.

이 노래는 사랑의 감정을 처음 마주할 때, 혹은 누군가를 깊이 생각하게 될 때 따뜻한 위로가 되어줍니다. 우리가 사는 하루하루의 시간 속에서도 '영원'은 충분히 피어날 수 있다는 사실을 속삭이고 있으니까요.

열 손가락

(2024)

노래: 어반자카파 | 작사: 조현아

한낮에 더위로 쓰러져 가는
나에게 물을 줘요
푸르게 다시 고개를 들면
마음에 잔바람이 불어

이제는 너무 어른이 되어서
상처도 안고 가요
뿌리를 내려버린 기억들
전부 나의 조각인걸

열 손가락 하나씩 접어나가고
헤아리며 하루하루를 견뎌내니
나를 위해서 흘렸던 그대 눈물은 모두
흙이 되고 물이 되어 나를 일으키죠

해가 지면 나는 그 자리에 서서
그리운 네 생각을 해
괜찮아, 이 밤이 좀 길어도
아침은 꼭 찾아올 거야

열 손가락 하나씩 접어나가고
헤아리며 하루하루를 견뎌내니

나를 위해서 흘렸던 그대 눈물은 모두
흙이 되고 물이 되어서

이젠 어둔 밤에 갇혀서
누구보다 긴 새벽을 헤매지 않아
지나간 기억이
언젠가는 비가 되고 시가 될 테니까

열 손가락 하나씩 접어나가고
헤아리며 하루 또 하루 견뎌내니
나를 위해서 흘렸던 그대 눈물은 모두
흙이 되고 물이 되어 나를 일으키죠

사랑이라는 감정
그리고 그 여정

이 노래를 들으면 마음 깊은 곳에서 잔잔한 울림이 전해지는 것 같아요. 그리고 우리에게 이렇게 이야기하는 듯하죠.

"사랑이라는 감정은 한 번 느끼고 끝나는 게 아니라, 오랜 시간 천천히 걸어가는 여정이야."

그런 여정을 통해 우리는 조금씩 변하고, 더 깊어지고, 가끔 아프기도 해요. 어쩌면 그것이 사랑의 본질적인 속성인지도 모릅니다.

열 손가락 하나씩 접어나가고

헤아리며 하루하루를 견뎌내니

이 말은 누군가를 그리워하면서 하루하루를 조심스럽게 살아가는 모습을 떠올리게 해요. 사랑이 끝난 뒤에도 남는 감정, 쉽게 잊히지 않는 마음이 있잖아요? 그런데 그 감정이 단순히 슬픈 것만은 아니에요.

프리드리히 니체는 **진짜 감정은 정직하게 느끼는 것이다. 때로는 고통이 우리를 더 강하게 만든다**고 했어요. 이 말은 우리가 슬플 때는 슬퍼해도 괜찮고, 아플 때는 아파해도 괜찮다는 의미예요. 감정을 솔직하게 느끼고 그 안에서 조금 더 성장하는 기회를 찾으라는 뜻입니다.

니체의 말처럼, 이 노래 속 화자도 아픈 감정을 피하지 않고 있는 그대로 받아들이고 있어요. 사랑이 끝난 뒤에도 그 마음을 안고 살아간다는 건, 그 사랑이 진짜였다는 뜻이기도 할 겁니다.

나를 위해서 흘렀던 그대 눈물은 모두

흙이 되고 물이 되어 나를 일으키죠

참 아름다운 표현이에요. 사랑했던 사람이 나를 위해 흘린 눈물이, 시간이 지나 흙처럼 단단해지고 물처럼 부드럽게 흘러서 나를 다시 일으켜 준다는 뜻이에요. 그 마음이 절대 사라지지 않고, 내 안 어딘가에서 계속 자라고 있다는 말이기도 해요.

에리히 프롬은 사랑을 논하면서 '태도'를 강조했어요. 즉 **사랑은 누군가를 오래도록 돌보고, 지켜주고, 함께 자라려는 마음**이라는 거예요. 노래 속 화자도 그런 태도를 보여줍니다. 그래서 그대가 흘려준 눈물과 그대와 함께했던 기억이 지금의 자신을 만들어 주는 따뜻한 힘이 되는 것이죠.

노래 속 화자는 또 이렇게 말해요.

괜찮아, 이 밤이 좀 길어도 아침은 꼭 찾아올 거야

어쩌면 이건 사랑이 떠난 뒤 남겨진 사람의 다짐일지도 모릅니다. 힘든 감정을 너무 오래 느끼면 지치고 포기하고 싶어질 때가 있어요. 그럴 때 이 노래는 말해 줘요. 사랑이라는 감정은 끝나면 사라지는 게 아니라, 그 감정을 품은 내가 계속 살아가는 거라고요. 그리고 그런 마음이 언젠가 시가 되고, 노래가 되고, 누군가의 위로가 될 수 있다고요.

니체는 **삶의 감정은 피할 수 있는 게 아니라 반드시 마주해야 하는 것**이라고 했어요. 그리고 프롬은 **사랑은 기다리고, 선택하고, 책임지는 마음**이라고 했어요. 이 말들처럼 이 노래는 사랑이 얼마나 깊고, 오래 가고, 때로는 아픈 여정인지 알려줍니다. 그렇지만 동시에, 그 감정이 우리를 얼마나 멋지게 자라게 하는지도 보여줘요.

지금 여러분도 누군가를 그리워하고 있다면, 그 감정을 억지로 없애려 하지 마세요. 그 마음이 여러분을 더 넓고 깊은 사람으로 만들어 줄 겁니다. 사랑은 아프기도 하지만, 절대 헛된 게 아니에요. 우리가 살아 있다는 가장 확실한 증거니까요.

3장

고통, 고독 그리고 위로

"고통은 말로 옮길 수 없는 세계에 대한 하나의 증언이다."
_비트겐슈타인

어른이 된다는 게 (2017)

노래: 김나영 | 작사: 김나영, 한밤

받아쓰길 잘하는 게 더 이상 자랑이 아니게 되고
키는 한참 더 자랐는데 자랑할 일은 사라져 가네

차를 타고 달릴 때면 날 따라오던 별들도
이젠 빛나질 않고
키는 한참 자랐는데
왜 하늘은 점점 높게만 느껴지는지

사람들은 날 어른이라 하는데
나 아닌 것들만 점점 더 늘어가
모두들 날 보고 다 컸다 하는데
왜 나는 자꾸 작아져만 가는지

사진 속 웃고 있는 아이는 지금 어디에 있는 걸까
어른이 된다는 건 이렇게 슬퍼도 웃어야 하는 걸까

크면 다 알게 된단 말을 아직까지도 잘 모르겠어
참고 또 참으며 하루를 사는 게
다들 말하는 어른이 된다는 걸까

사는 게 다 그런 거지 뭐
알 것도 같은데, 남은 내일이 많아

그 많던 별들은 지금 어디에 있을까
너도 어른이 된 걸까

사람들은 날 어른이라 하는데
나 아닌 것들만 점점 더 늘어가
모두들 날 보고 다 컸다 하는데
왜 나는 자꾸 작아져만 가는지

사진 속 웃고 있는 아이는 지금 어디에 있는 걸까
어른이 된다는 건 이렇게 슬퍼도 웃어야 하는 걸까

크면 다 알게 된단 말을 아직까지도 잘 모르겠어
참고 또 참으며 하루를 사는 게
다들 말하는 어른이 된다는 걸까

사진 속 웃고 있는 아이는 지금 어디에 있는 걸까
어른이 된다는 건 이렇게 슬퍼도 웃어야 하는 걸까

거울에 비친 내 모습은 내가 알았던 나인 걸까
할 수 있는 말이 줄어드는 게
다들 말하는 어른이 된다는 걸까

마음이 단단해지는
법을 배우다

이제 막 어른이 된 사람들이 이 노래를 듣는다면 이런 생각을 할 것 같아요. '언제 이렇게 어른이 된 걸까? 그런데 왜 이렇게 힘들까?' 이 노래는 그런 마음을 아프게 건드립니다. 또 이 노래 속 화자는 자신을 돌아보며 철학적인 질문을 던지는데, '어른이 된다는 것'은 단순히 나이를 먹는 게 아니라 이처럼 마음을 단단하게 다스려 가는 과정일 겁니다.

이 노래에 담긴 이야기를 풀어낼 때 가장 잘 어울리는 철학이 바로 스토아철학이에요. 세상에는 내가 바꿀 수 없는 것이 있습니다. 가령 세상의 평가, 타인의 시선, 과거, 날씨, 운명 등이 그렇죠. 반면에 노력하면 내가 바꿀 수 있는 것도 있습니다. 생각, 지식, 감정, 태도 등이죠. 스토아학파의 철학자들은 세상을 이렇게 둘로 구분하고 **세상은 내 마음대로 되지 않지만, 내 마음은 내가 다스릴 수 있다**고 주장했습니다. 이것이 이 노래를 이해하는 데 필요한 스토아철학의 핵심이에요.

키는 한참 더 자랐는데 자랑할 일은 사라져 가네

어릴 때는 받아쓰기 잘하면 칭찬받고, 키가 크면 주변에서 "많이 컸네!" 하며 기뻐했죠. 그런데 어른이 되고 나면 그런 말이 사라져요. 회사에서 열심히 일해도 "잘했어!"라는 말보다는 "이건 왜 이렇게 했어요?" 같은 질문이 돌아오죠. 스토아철학은 이럴 때 외부의 평가보다 내 마음의 기준을 세워야 한다고 말합니다. 다른 사람의 인정은 내 뜻대로 되지 않지만, 나의 노력과 열정은 내가 가장 잘 알기 때문이에요. 자랑할 일이 없어진다는 건 사실 외부의 칭찬에 의존하던 시기를 지나, 내 마음속의 자랑거리를 새로 만들어야 할 때가 왔다는 뜻일지도 모릅니다.

사람들은 날 어른이라 하는데, 나 아닌 것들만 점점 더 늘어가

어른이 되면 인간관계도 늘어나고 역할도 많아집니다. 그럴수록 '진짜 나'를 점점 잊어가죠. 스토아철학은 이런 상황에서 **남이 정한 기준에 휘둘리지 말고, 내가 옳다고 믿는 방향을 따라가라**고 조언합니다. 세상은 "이래야 어른이지."라며 수많은 기준을 내놓지만, 결국 '어른다움'은 남이 정하는 게 아니라 내가 결정하는 거예요. 내가 어떤 사람으로 살고 싶은지, 어떤 마음으로 하루를 보내고 싶은지를 스스로 선택하는 힘, 그게 진짜 어른의 마음입니다.

어른이 된다는 건 이렇게 슬퍼도 웃어야 하는 걸까

이 구절은 많은 사람들의 마음을 건드립니다. 직장에서 힘들어도 "괜찮아요."라고 웃고, 가족 앞에서 때로는 울음을 삼켜야 하는 어른들. 하지만 스토아철학은 '감정을 억누르라'고 강요하지 않아요.

오히려 **감정은 자연스러운 것이고, 그 감정에 휘둘리지 않도록 마음을 훈련하라**고 말하죠. 눈물이 날 땐 울어도 됩니다. 다만 그 슬픔이 나를 집어삼키지 않도록, 한 걸음 떨어져서 감정과 마주할 수 있는 힘이 필요하죠. 슬퍼도 웃는다는 건, 억지로 웃는 게 아니라 슬픔 속에서도 나를 잃지 않는 법을 배우는 것입니다.

참고 또 참으며 하루를 사는 게

다들 말하는 어른이 된다는 걸까

살다 보면 '참는 법'을 배우게 됩니다. 하고 싶은 말을 삼키고, 화를 눌러야 할 때도 많죠. 그런데 스토아철학은 '참는 삶'도 부정적으로만 보지 않습니다. 통제할 수 없는 일은 그냥 두고, 통제할 수 있는 마음은 끝까지 지키라고 말하죠. 참는다는 건 그저 억누르는 게 아니라, 자신의 마음을 다스리는 연습입니다. 세상이 내 뜻대로 되지 않을 때, '나는 이 상황에서 어떤 사람으로 남을 것인가?'를 선택하는 것이 어른의 의지죠.

거울에 비친 내 모습은 내가 알았던 나인 걸까

노래의 마지막 구절은 참 쓸쓸합니다. 거울 속의 나는 분명 '나'인데, 예전의 '나'와는 너무 달라져 있죠. 할 말도 줄고, 마음도 예전만큼 뜨겁지 않아요. 스토아 철학자들은 이것을 '성숙의 징후'라고 일컫습니다. 세상과 부딪히며 얻은 상처 속에서도 조용히 자신의 마음을 다스릴 줄 알게 되는 순간이죠. 말이 줄었다는 건 어쩌면 세상을 더 깊이 듣기 시작했다는 뜻이기도 합니다.

이 노래는 스토아철학의 시선으로 보면 조용한 '마음의 성장 일기'라고 볼 수 있습니다. 세상은 우리가 원하는 대로 흘러가지 않아요. 사람들은 변하고, 관계는 멀어지고, 기쁨보다 슬픔이 더 많을 때도 있죠. 하지만 어른이 된다는 건 불완전한 세상 속에서도 자신의 마음을 잃지 않고 살아가는 법을 배우는 일입니다. 하늘이 점점 높게만 느껴지는 이유가 어쩌면, 우리가 세상을 이해하려고 너무 애쓰고 있기 때문일지도 몰라요.

건물 사이에 피어난 장미 (2023)

노래: 하이키 | 작사: 영케이

건물 사이에 피어난 장미
제발 살아남아 줬으면
꺾이지 마, 잘 자라줘

온몸을 덮고 있는 가시
얼마나 힘이 들었으면
견뎌내 줘서 고마워

예쁘지 않은 꽃은 다들 골라내고 잘라내
예쁘면 또 예쁜 대로 꺾어, 언젠가는 시들고

왜 내버려 두지를 못해
그냥 가던 길 좀 가
어렵게 나왔잖아, 악착같이 살잖아

나는 건물 사이에 피어난 장미
삭막한 이 도시가 아름답게 물들 때까지
고개를 들고 버틸게, 끝까지
모두가 내 향기를 맡고 취해 웃을 때까지

No, I'm not goin' down. I'll be alright
Yeh, I'm only goin' up and Imma be alright

내가 원해서 여기서 나왔냐고
원망해 봐도 안 달라져, 하나도
지나고 돌아보면 앞만 보던 내가 보여
그때그때 잘 견뎌냈다고 생각 안 해
그냥 날 믿었다고

거센 바람이 불어와 내 살을 베려 해도
자꾸 벌레들이 나를 괴롭히고 파고들어도
No, 언제나 굴하지 않고
쓰러지지 않아, 난
어렵게 나왔잖아, 악착같이 살잖아

나는 건물 사이에 피어난 장미
삭막한 이 도시가 아름답게 물들 때까지
고개를 들고 버틸게, 끝까지
모두가 내 향기를 맡고 취해 웃을 때까지

Keep it up
It's a song for you and I
Say that we're alive
Celebrate it now

나는 건물 사이에 피어난 장미
삭막한 이 도시가 아름답게 물들 때까지
고개를 들고 버틸게, 끝까지
모두가 내 향기를 맡고 취해 웃을 때까지

Keep it up
No, I'm not goin' down. I'll be alright
Yeh, I'm only goin' up and Imma be alright
Keep it up
No, I'm not goin' down. I'll be alright
Yeh, I'm growin' up and Imma be alright

- No, I'm not goin' down (아니, 나는 쓰러지지 않을 거야)

- I'll be alright (나는 괜찮아)

- Yeh, I'm only goin' up and Imma be alright (맞아, 나는 자라날 뿐이야. 괜찮아)

- Keep it up (힘을 내)

- It's a song for you and I (이건 너와 나를 위한 노래야)

- Say that we're alive (우리는 살아 있다고 말해 봐)

- Celebrate it now (이제 그걸 축하하자)

가능태에서 피어난
현실태

〈건물 사이에 피어난 장미〉는 제목처럼 딱딱한 도시의 건물 틈에서 피어난 장미 한 송이를 노래합니다. 아무도 돌봐주지 않았지만 스스로 고개를 들고 피어난 이 장미는, 자기 삶의 자리에서 꺾이지 않고 성장해 가는 인간을 상징하는 듯합니다. 그런 점에서 이 노래는 아리스토텔레스가 말한 인간의 삶과 깊이 닿아 있어요.

아리스토텔레스는 **세상의 모든 존재가 가능태(dynamis)와 현실태(energeia) 사이를 오가며 완성된다**고 보았습니다. 가능태란 어떤 것이 될 수 있는 잠재적인 상태입니다. 예를 들어, 씨앗은 아직 꽃이 아니지만 꽃이 될 수 있는 가능성을 갖고 있죠. 현실태는 그 가능성이 실제로 실현된 상태입니다. 씨앗이 자라 꽃이 되는 것, 그것이 바로 가능태가 현실태로 바뀐 순간이에요.

아리스토텔레스는 인간도 마찬가지라고 말했어요. 우리는 모두 완성된 존재로 태어나는 것이 아니라, 살아가면서 조금씩 조금씩 자신의 모습을 완성해 가는 존재라는 것이지요. 그리고 이 완성에

도달하는 방법을 '덕 윤리(virtue ethics)'라고 했는데, 바로 '덕을 실천하는 삶'을 말합니다.

나는 건물 사이에 피어난 장미

고개를 들고 버틸 게, 끝까지

이 구절은 거친 환경 속에서도 자신의 가능성을 실현하며 살아가는 장미의 모습을 표현하고 있어요. 아무도 주목하지 않지만, 꽃으로 피어나야 할 자신의 '목적'을 향해 꿋꿋하게 자라나는 모습이죠. 가능태를 현실태로 바꿔가는 주체적인 인간의 모습처럼요.

앞서 말했다시피, 아리스토텔레스는 인간이 자신의 가능성을 실현하기 위해서는 '덕'을 길러야 한다고 했어요. 덕은 용기, 절제, 정직처럼 우리가 바르게 살아가는 데 필요한 성품이며, 그 덕은 단번에 갖춰지는 것이 아니라 꾸준히 실천해 나가다 보면 습관처럼 우리 몸에 배어듭니다.

그때그때 잘 견뎌냈다고 생각 안 해. 그냥 날 믿었다고

노래 속 화자의 이 말은, 완벽했기 때문에 버틴 것이 아니라 그저 자기 자신을 믿고 하루하루를 살아냈기 때문에 지금 여기까지 온 것이라는 뜻이에요. 이건 아리스토텔레스가 말했던 **덕이 있는 사람은 실수하지 않는 사람이 아니라, 어떤 상황에서도 올바른 선택을 하려는 태도를 반복하는 사람**이라는 내용과 상통합니다.

아리스토텔레스는 덕을 실천하는 삶을 통해 인간은 충만한 행복에 도달할 수 있다고 말했는데, 그와 같은 행복을 '에우다이모니아(eudaimonia)'라고 칭했어요. 이것은 잠깐의 기쁨이나 쾌락 같은 것이 아니라, 나의 가능성을 실현해 가며 완성되는 삶 그 자체입니다.

노래 마지막에 화자는 이렇게 다짐합니다.

I'm growin' up and I'll be alright

이 부분은 '나는 아직 완성되지 않았지만 성장하는 중'이라는 선언처럼 들립니다. 이는 아리스토텔레스가 말한 삶의 본질이기도 해요. 가능태로 태어난 우리는 매일같이 선택하고 실천함으로써 현실태로 나아가는 중입니다. 노래 속 장미처럼, 지금 여기에서 묵묵히 자라나는 우리 모두는 자기 삶의 꽃을 피워가는 존재들입니다.

한숨 (2016)

노래: 이하이 | 작사: 김종현

숨을 크게 쉬어봐요
당신의 가슴 양쪽이 저리게
조금은 아파올 때까지
숨을 더 뱉어봐요
당신의 안에 남은 게 없다고 느껴질 때까지

숨이 벅차올라도 괜찮아요
아무도 그댈 탓하진 않아
가끔은 실수해도 돼
누구든 그랬으니까
괜찮다는 말, 말뿐인 위로지만

누군가의 한숨, 그 무거운 숨을
내가 어떻게 헤아릴 수가 있을까요
당신의 한숨, 그 깊일 이해할 순 없겠지만
괜찮아요, 내가 안아줄게요

숨이 벅차올라도 괜찮아요
아무도 그댈 탓하진 않아
가끔은 실수해도 돼
누구든 그랬으니까
괜찮다는 말, 말뿐인 위로지만

누군가의 한숨, 그 무거운 숨을
내가 어떻게 헤아릴 수가 있을까요
당신의 한숨, 그 깊일 이해할 순 없겠지만
괜찮아요, 내가 안아줄게요

남들 눈엔 힘 빠지는 한숨으로 보일진 몰라도
나는 알고 있죠
작은 한숨 내뱉기도 어려운 하루를 보냈단 걸
이제 다른 생각은 마요
깊이 숨을 쉬어봐요, 그대로 내뱉어요

누군가의 한숨, 그 무거운 숨을
내가 어떻게 헤아릴 수가 있을까요
당신의 한숨, 그 깊일 이해할 순 없겠지만
괜찮아요, 내가 안아줄게요

정말 수고했어요

말할 수 없는 이들을
위로하는 노래

'숨'은 말보다 먼저 터져 나오는 감정의 언어입니다. 〈한숨〉은 그러한 숨소리, 말하지 못한 감정, 차마 드러낼 수 없는 고통을 안고 살아가는 이들을 위로하는 노래예요.

여러분은 하루를 버티기가 힘들다고 느낀 적이 있나요? 공부에 치이고, 친구 관계에 지치고, 나 자신을 증명하느라 너무 바빠서 그저 "하!" 하고 한숨부터 나오는 날. 〈한숨〉은 그런 날 우리 마음에 다가와 위로와 용기를 건넵니다. 그리고 이 노래는 단지 힘들고 슬픈 마음을 이야기하는 것을 넘어, '사람이 왜 한숨을 쉬는가?', '그 한숨을 우리는 어떻게 바라봐야 하는가?'와 같은 철학적인 질문을 던집니다.

숨을 크게 쉬어봐요

당신의 가슴 양쪽이 저리게, 조금은 아파올 때까지

이 첫 구절은 우리에게 이렇게 말하고 있는 듯해요. "그냥 괜찮은 척하지 말고, 있는 그대로의 감정을 마주해 봐."라고. 멀쩡해 보이려고 감정을 억누르다 보면 그 감정이 쌓이고 쌓여 어느 순간 숨조차 편히 쉴 수 없게 돼요. 그래서 이 노래에서는 '당신의 안에 남은 게 없다고 느껴질 때까지 숨을 뱉어보라'고 말하죠. 마음속 응어리를 천천히 내보내라는 따뜻한 권유입니다.

여러분에게 '한숨'은 어떤 의미인가요? 우리 삶의 구석구석엔 셀 수 없이 많은 한숨이 숨어 있습니다. 그런데 중요한 건, 한숨을 쉬었다고 해서 약하거나 부족한 게 아니라는 점이에요. **남들 눈엔 힘 빠지는 한숨으로 보일진 몰라도** 오히려 그건, **작은 한숨 내뱉기도 어려운 하루**를 견뎌냈다는 증거이기도 합니다.

미국의 심리학자 칼 로저스는 **인간에게 가장 필요한 건 조건 없는 수용**이라고 말했어요. 이 말은 상대가 어떤 모습이든, 실수하거나 흔들리는 순간에도 무조건 받아들여 주는 태도를 뜻합니다.

괜찮아요, 내가 안아줄게요

이 구절은 바로 그런 무조건적인 수용을 나타내는 표현입니다. 누군가의 고통을 완벽히 이해할 수는 없지만, 곁에 있어주고 싶다는 마음. 그것이야말로 진짜 위로가 될 수 있죠. 칼 로저스는 **진정한 치유는 자기 자신을 있는 그대로 수용할 때 시작된다**고 했어요. 우리가 슬퍼하는 자신을 부끄러워하지 않고 실수한 자신을 미워하지 않을 때, 비로소 마음이 회복될 수 있다는 뜻이죠. 그러니 〈한숨〉은 타인을 위한 위로이기도 하지만, 나 자신을 위한 다정한 격려이기도 합니다.

이 노래는 '위로'에 대해서도 다시 생각하게 해줘요. **괜찮다는 말,**

말뿐인 위로지만이라는 말처럼, 우리는 때때로 너무 쉽게 "괜찮아." 라고 말해요. 하지만 그 말이 진심이 아닐 수도 있고, 오히려 상처가 될 수도 있습니다. 그래서 이 노래는 조심스럽게 말하죠.

그 깊일 이해할 순 없겠지만, 괜찮아요

이것은 단순한 동정이나 위로가 아니라, 상대가 지금 느끼는 감정을 함부로 재단하지 않겠다는 약속입니다. 누군가의 아픔을 완벽히 헤아릴 수는 없지만, 그 아픔을 있는 그대로 인정하고 받아들이는 것이 우리에게 정말 필요한 마음 아닐까요.

한숨을 쉬는 사람에게 필요한 건 해답이 아니라 경청해 주는 귀와 마음, 곁에 있어주는 따뜻함 그 자체일지도 몰라요. 노래 마지막의 **정말 수고했어요**라는 이 짧은 한마디는 진심 어린 격려입니다. 요즘은 모두가 경쟁하듯 바쁘게 살아가고, 남과 비교하며 자신을 채찍질하다 보니 점점 지쳐가죠. 그런 사회 안에서 "수고했어!"라는 말은 점점 듣기 어려워지고 있어요. 그렇기에 이 말이 더욱 특별하고 간절하게 들립니다.

여러분도 오늘 하루를 버텨낸 자신에게 이렇게 말해 보세요.
"그래, 오늘도 정말 수고했어."

그리고 만약 옆에서 한숨 쉬는 친구가 있다면, 괜찮다고 말해 주는 대신 그저 곁에 있어주세요. 말보다도 더 위로가 되는 건 누군가와 함께하는 시간 그 자체이니까요.

우리의 감정은 때로 폭풍같이 사납고, 때로 안개처럼 흐릿해요. 그 감정을 꾹꾹 눌러 담기보다 '한숨'처럼 천천히 내보낼 수 있는 용기가 필요합니다. 〈한숨〉은 그런 용기를 다정하게 권하는 노래죠. 숨이 벅차오르거나 실수한 자신의 모습에 실망할 때 그 감정을 억누르지 말고 누군가와 함께 나눌 수 있다면, 우리는 그 하루를 조금 더 건강하게 견뎌낼 수 있을 거예요.

HAPPY (2024)

노래: 데이식스 | 작사: 영케이

그런 날이 있을까요
마냥 좋은 그런 날이요
내일 걱정 하나 없이
웃게 되는 그런 날이요

뭔가 하나씩은
걸리는 게 생기죠
과연 행복할 수 있을까요

그런 날이 있을까요
꿈을 찾게 되는 날이요
너무 기뻐 하늘 보고
소리를 지르는 날이요

뭐 이대로 계속해서
버티고 있으면 언젠가
그런 날이 올까요

May I be happy?
매일 웃고 싶어요
걱정 없고 싶어요
아무나 좀 답을 알려주세요

So help me
주저앉고 있어요
눈물 날 것 같아요
그러니까 제발 제발 제발요
Tell me it's okay to be happy

알고리즘엔 잘된 사람만
수도 없이 뜨네요
뭐 이대로 계속해서
살아만 있으면 언젠가
저런 날이 올까요

May I be happy?
매일 웃고 싶어요
걱정 없고 싶어요
아무나 좀 답을 알려주세요

So help me
주저앉고 있어요
눈물 날 것 같아요
그러니까
Tell me it's okay to be happy

그냥 쉽게 쉽게 살고 싶은데
내 하루하루는 왜 이리
놀라울 정도로 어려운 건데

May I be happy?
매일 웃고 싶어요
걱정 없고 싶어요
아무나 좀 답을 알려주세요

So help me
주저앉고 있어요
눈물 날 것 같아요
그러니까 제발 제발 제발요
Tell me it's okay to be happy

힘겨운 현실과
불안한 미래

〈Happy〉는 행복한 현실을 이야기하는 것이 아니라, '내가 과연 행복해질 수 있을지'를 끊임없이 의심하고, 그럼에도 불구하고 행복해지기를 바라는 마음을 담은 노래입니다.

May I be happy?

이 표현은 누군가에게 실제로 묻는 말이라기보다 '행복하고 싶다'는 희망을 담은 말이에요. 마치 누군가에게 허락을 구하듯 말하는 이 물음은 오늘을 살아가는 많은 사람들, 특히 젊은이들의 마음을 대변하는 말일지도 모릅니다. 〈Happy〉는 단지 기분이 좋아지고 싶을 뿐인데 그 마음조차 망설이게 되는 지금의 현실을 섬세하게 그리고 있어요.

노래 속 화자는 이렇게 말합니다.

그런 날이 있을까요, 마냥 좋은 그런 날이요

하지만 그런 날은 좀처럼 찾아오지 않죠. 고단하고 바쁜 하루하루를 보내다 보면, 그냥 기분 좋게 웃는 날이 오히려 어색하게 느껴지기도 해요. SNS 속 사람들은 다 잘나가는 것 같고, 나는 그저 하루하루 버티는 중이라는 생각이 들기도 하고요. 이런 상황 속에서 화자는 조심스럽게 '행복해도 괜찮을지' 묻습니다.

이 질문은 단지 개인 차원에서 끝나지 않아요. 사실 우리는 지금 모든 것이 불안정한 시대를 살고 있어요. 사회학자 지그문트 바우만은 이런 시대를 '액체 근대(Liquid Modernity)'라고 불렀어요. 예전 사회는 비교적 잘 마련된 시스템에 따라 움직이는 예측 가능한 '고체 사회'였어요. 하지만 지금은 모든 것이 빠르게 변하고, 관계도 직업도 나 자신도 언제든지 바뀔 수 있어요. 마치 **물처럼 형태가 고정되지 않고 계속 흘러가는 시대**에 놓여 있습니다.

젊은이들의 삶도 이 '액체 근대'의 중심에 있어요. 요즘 우리는 "뭐가 되고 싶어?"라는 질문에 쉽게 답하지 못해요. 뚜렷한 목표나 안정된 미래상이 보이지 않기 때문이죠. 학교에서도, 진로에서도, 인간관계에서도 불확실함이 늘 따라다닙니다. 친구와의 관계도 늘 같지 않고, 시험과 입시라는 경쟁 속에서 수없이 흔들리고 갈등을 겪죠. 이처럼 고정된 정체성을 갖기 어려운 시대이기에, '그냥 편하게 행복해지고 싶다'는 마음조차 쉽게 허락되지 않는 거예요.

〈Happy〉는 바로 이런 시대 감정을 노래하고 있어요. **알고리즘엔 잘된 사람만 수도 없이 뜨네요**라는 말처럼, 우리는 하루에도 몇 번씩 SNS에 접속해 타인의 '행복한 순간'들을 마주해요. 여행을 가고, 맛있는 것을 먹고, 웃고 즐기는 사람들의 사진이 끝도 없이 올라오죠. 그러다 보면 나만 뒤처진 것 같고, 내 삶은 초라하게 느껴져요. 행복이라는 감정이 '느끼는 것'이 아니라 '비교해서 증명해야 하는 것'처럼 여겨지기도 하죠. 이럴 때 우리는 심리적으로 '자기효능감'이 떨어지게 돼요. 자기효능감이란, 내가 무언가를 잘할 수 있다는 믿음이에요. 하지만 계속해서 남들과 비교하고 결과가 눈에 보이지 않으면 그 믿음이 흔들리죠.

뭐 이대로 계속해서 버티고 있으면 언젠가 그런 날이 올까요

이 구절은 희망을 말하는 듯하지만, 사실은 그 아래에 무거운 절망이 깔려 있어요. 그 절망은 단순히 오늘 하루의 기분에 그치는 것이 아니라, '나'라는 존재 전체를 흔들 수 있는 감정입니다.

So help me. 주저앉고 있어요. 눈물 날 것 같아요

이 부분은 절망을 더욱 직접적으로 말하고 있어요. 이건 '누가 나를 좀 알아봐 줬으면 좋겠어요.'라는 절박한 외침이에요. 혼자 버티듯 살아가는 나에게 누군가 "괜찮아, 너 지금 잘하고 있어."라고 말해 주길 바라는 마음. 요즘 젊은이들 사이에서 '공감'과 '인정'이 중요한 이유도 여기에 있어요. 성적이나 결과가 아닌, 있는 그대로의 나를 바라봐 주는 한 사람이 필요한 거죠.

결국 〈Happy〉는 우리에게 이런 질문을 던집니다. '행복해질 자격, 나에게도 있을까?' 이 질문에 정답은 없어요. 하지만 중요한 건, 그런 질문을 해도 된다는 거예요. 지금 불안하고 흔들리지만, 그래서 더더욱 '행복해도 괜찮다'는 말이 필요한 것이죠.

It's okay to be happy

우리 모두 행복해져도 괜찮습니다.

그러려니 (2016)

노래: 선우정아 | 작사: 선우정아

만나는 사람은 줄어들고
그리운 사람은 늘어간다
끊어진 연(緣)에 미련은 없더라도
그리운 마음은 막지 못해

잘 지내니?
문득 떠오른 너에게 안부를 묻는다

잘 지내겠지
대답을 들을 수 없으니
쓸쓸히 음 음, 그러려니

만나는 사람은 줄어들고
그리운 사람은 늘어간다
끊어진 연에 미련은 없더라도
그리운 마음은 막지 못해

만나는 사람은 줄어들고
그리운 사람은 늘어간다
끊어진 연에 미련은 없더라도
그리운 마음은, 그리운 마음은
그러려니

감정을 흘려보내는
지혜의 언어

살다 보면 설명되지 않는 감정들이 우리 마음에 남아 있을 때가 있어요. 잘 지내다가도 문득 떠오르는 얼굴, 이유 없이 가슴이 먹먹해지는 순간, '그 사람은 잘 지내고 있을까?'라는 생각……. 〈그러려니〉는 그럴 때 깊이 공감할 수 있는 노래입니다.

이 노래는 이렇게 시작해요.

만나는 사람은 줄어들고 그리운 사람은 늘어간다

이 한 문장만으로도 마음이 울컥해지지 않나요? 우리는 살면서 새로운 사람들도 만나지만, 어느 순간 연락이 뜸해진 누군가를 떠올릴 때가 있어요. 학창 시절엔 매일 붙어 다녔지만 언젠가부터 멀어진 친구, 단짝이었던 옛 직장 동료, 헤어진 첫사랑……. 그런 사람들은 우리 마음속 어딘가에 여전히 살아 있고, 가끔은 아무 이유 없이 그리워지기도 하죠.

그런 감정을 우리는 어떻게 해야 할까요? 지워야 할까요? 다시 연락을 한번 해봐야 할까요? 〈그러려니〉의 화자는 말합니다.

이 말은 참 솔직하고도 차분해요. 관계는 끝났어도 감정은 아직 남아 있는데, 그 감정을 억지로 없애려 하지 않겠다는 것이죠. 이건 어른스러운 척하는 게 아니라 진짜 어른스러운 태도예요.

노래 속 화자는 자신의 그리움을 일부러 억누르거나 끌어안지 않고, 그저 인정해요.

잘 지내겠지. 대답을 들을 수 없으니 쓸쓸히 음 음, 그러려니

이 부분의 '그러려니'라는 말이 이 노래의 핵심이에요. 무심한 듯 보이지만, 사실은 그 어떤 말보다 깊은 위로입니다.

이러한 화자의 태도는 동양철학에서 그 단서를 찾아볼 수 있어요. 특히 불교에서는 우리가 괴로운 이유 중 하나가 바로 '집착' 때문이라고 말하죠. 사람, 기억, 감정 등에 집착하면 우리는 마음속에서 계속 갈등하게 돼요. **집착을 놓아주는 것, 억지로 버리거나 끊어내는 것이 아니라 조용히 놓아두는 것**이 바로 불교에서 말하는 '무집착'이에요. 무집착은 집착에서 벗어남, 즉 집착하지 않는다는 뜻입니다.

'그러려니'라는 말에는 이 무집착의 태도가 고스란히 담겨 있어요. 누군가를 그리워하는 마음이 들 때, 그 감정을 없애야 한다고 생각하지 않고 '그래, 그럴 수도 있지. 그런 마음이 드는 건 자연스러운 거야.'라고 받아들이는 거예요. 애써 잊으려 하지도 않고, 과하게 반응하지도 않는 태도. 그게 바로 '그러려니'의 힘입니다.

심리학에서도 '그러려니' 같은 태도를 중요하게 여겨요. '정서적 수용(emotional acceptance)'이라는 개념이 있는데, 이는 말 그대로 기분 나쁘거나 슬픈 감정도 자연스러운 것으로 받아들이는 걸 말해요. 그렇게 하는 것이 오히려 마음 회복에 도움이 된다는 연구 결과도 많아요. 〈그러려니〉의 화자는 그걸 몸소 실천하고 있어요. 복잡한 마음을 애써 정리하려 하지 않고 있는 그대로 품은 채 살아가죠. 그렇게 '그래, 이 감정도 나의 일부야.'라고 인정하면 마음속 감정들이 조금씩 사그라들 거예요.

모든 감정에는 이유가 있고, 그 감정들을 잘 흘려보내는 것이야말로 자기 자신을 진심으로 돌보는 길이에요. 그러니 오늘 마음속에서 털어내지 못한 감정이 있다면, "그럴 수도 있지. 그러려니 해야지."라고 말해 보면 어떨까요.

그건 아마 우리의 잘못은 아닐 거야 〔2019〕

노래: 백예린 | 작사: 백예린, 고형석

사실은 나도 잘 모르겠어
불안한 마음은 어디에서 태어나
우리에게까지 온 건지

나도 모르는 새에 피어나
우리 사이에 큰 상처로 자라도
그건 아마 우리의 잘못은 아닐 거야

그러니 우린 손을 잡아야 해
바다에 빠지지 않도록
끊임없이 눈을 맞춰야 해
가끔은 너무 익숙해져 버린
서로를 잃어버리지 않도록

나도 모르는 새에 피어나
우리 사이에 자주 아픔을 줘도
그건 아마 우리를 더 크게 해줄 거야

그러니 우린 손을 잡아야 해
바다에 빠지지 않도록
끊임없이 눈을 맞춰야 해
가끔은 너무 익숙해져 버린

서로를 잃어버리지 않도록

익숙해진 아픈 마음들
자꾸 너와 날 놓아주지 않아
우린 행복할 수 있을까

그러니 우린 손을 잡아야 해
바다에 빠지지 않도록
끊임없이 눈을 맞춰야 해
가끔은 너무 익숙해져 버린
서로를 잃어버리지 않도록

불안과 상처
그리고 사랑

이유도 없이 마음이 무겁고, 다른 사람들과 관계 맺기도 싫고, 그냥 모든 게 낯설게 느껴질 때가 있어요. 마음은 복잡한데 이유를 알 수 없어서 더 답답하게 느껴질 때도 있죠. 〈그건 아마 우리의 잘못은 아닐 거야〉는 바로 그런 마음을 꺼내 보여주는 노래입니다. 이 노래는 연인 사이의 감정적인 갈등을 이야기하는 것처럼 보이지만, 자세히 들여다보면 우리가 일상에서 자주 마주하는 불안, 상처 그리고 관계 속에서의 자기 이해에 대한 질문을 담고 있어요.

이 노래는 이렇게 시작해요.

사실은 나도 잘 모르겠어

불안한 마음은 어디에서 태어나 우리에게까지 온 건지

여기서 '모르겠어'라는 말은 단지 이유를 모른다는 뜻이 아닙니다. 우리는 때때로 나 자신은 왜 이렇게 종잡을 수 없는지, 왜 기분이 복잡한지 잘 모를 때가 있어요. 독일의 철학자 하이데거는 이런 감정을 '불안(Angst)'이라고 했습니다. 그는 인간이 이 세상에 '던져진 존재'라고 말했어요. 우리가 세상에 태어난 데엔 뚜렷한 목적이나 설명도 없고, 우리는 그 안에서 스스로 의미를 만들어 가야 합니다. 그래서 때로는 특별한 사건이 없어도 불안이 밀려오는 거예요. 하이데거가 말한 불안은 어떤 뚜렷한 대상에 대한 공포가 아니라, 익숙한 것들이 갑자기 낯설게 느껴질 때, 세상이 전과 같지 않게 느껴질 때 느끼는 감정이에요. 이 노래는 우리가 겪는 막연한 불안이 어떤 잘못이나 부족함에서 비롯된 게 아니라고 이야기합니다.

그 불안은 종종 관계 속에서 상처로 나타나기도 해요.

나도 모르는 새에 피어나 우리 사이에 큰 상처로 자라도

이 부분에서 '나도 모르는 새에'라는 말은 특히 인상적이에요. 정신분석학자인 프로이트는 인간 안에는 '무의식'이라는 세계가 있다고 했습니다. 우리가 의식하지 못하는 감정이나 기억, 욕망이 마음 깊은 곳에 숨어 있다가 어느 순간 말이나 행동 속에 스며들곤 하죠. 그러니까 어떤 날은 별다른 이유 없이 친구에게 괜히 차갑게 대하기도 하고, 나도 모르게 상처를 주는 말을 뱉을 수도 있어요. 겉으로 보이지 않는 무의식이 늘 어느 정도 영향을 주고 있는 거죠. 그렇기에 무의식이 일으키는 부정적 언행은 잘못을 묻기 어려운 일이 될 수 있어요. 그래서 **그건 아마 우리의 잘못은 아닐 거야**라는 말은 책임을 회피하는 게 아니라, 인간이 불완전한 존재라는 사실을 인정하는 말처럼 들립니다.

특히 청소년들은 복잡한 감정을 자주 마주합니다. 부모님이나 친구, 선생님과의 관계에서 불쑥 상처를 주거나 받기도 하고, 자신이 왜 그런 반응을 했는지 잘 모를 때도 많죠. 그런 감정이 반복되면 '내가 이상한 걸까?'라는 생각이 들 수도 있어요. 하지만 이 노래는 그런 불안과 상처마저도 우리가 살아가는 과정에서 겪는 자연스러운 일이라고 말합니다. 감정은 정답이 있는 게 아니고, 누구도 늘 잘할 수만은 없으니까요.

이 노래는 또한 익숙함에 대한 경계도 담고 있어요.

가끔은 너무 익숙해져 버린 서로를 잃어버리지 않도록

이 구절은 가까운 사이일수록 오히려 당연하게 여기고 서로를 제대로 보지 못하게 되는 순간을 떠올리게 해요. 익숙한 친구, 가족, 연인이라도 언제든 멀어질 수 있다는 사실을 알고 있다면, 관계 속에서 좀 더 조심스럽고 진심 어린 태도를 가질 수 있어요.

그런 의미에서 마지막 부분의 **끊임없이 눈을 맞춰야 해**라는 제안은 실존적 외로움 속에서 서로를 지탱하는 방법의 하나로 읽힙니다. 우리는 타인과 연결되어 있지만, 서로를 완전히 이해하며 살 수는 없어요. 그러니 눈을 맞추는 노력이 필요하죠. 또 서로를 완전히 이해할 수 없으니, 서로의 불안을 있는 그대로 인정해 주는 것은 어떤 말보다 큰 위로가 됩니다.

그리고 이 노래의 화자는 상처를 피하거나 무시하지 않아요.

그건 아마 우리를 더 크게 해줄 거야

이 말은 고통을 무조건 나쁜 것으로 여기지 않고, 그것을 통해 더 깊어질 수 있다는 믿음을 담고 있어요. 우리는 종종 갈등이 없고 평화롭기만 한 관계를 이상적이라고 생각하지만, 사실은 함께 어려움을 겪고 서로의 마음을 다치지 않게 돌보려 노력하는 관계에서 더 단단한 신뢰와 성숙이 생기기도 해요. 상처는 아프지만, 그것을 통해 서로를 더 깊이 이해하는 경험은 누구에게나 필요한 성장의 일부일지도 모릅니다.

결국 이 노래는 완벽하지 않아도 괜찮고, 때로 상처를 주고받아도 그것이 우리 잘못만은 아닐 수 있다고 말해요. 우리 모두 마음속에 설명되지 않는 불안과 무의식을 안고 살아가고 있고, 그 감정들이 예상치 못한 순간에 스며들기 때문에, 서로를 있는 그대로 바라보려는 노력이 중요합니다.

그러니 여러분도 혹시 지금 관계 속에서 설명할 수 없는 복잡한 감정이나 말로 다 표현되지 않는 상처를 겪고 있다면, 그것이 여러분만의 잘못은 아닐지도 모른다는 걸 기억하세요. 그리고 그렇게 자신을 조금 더 이해해 나가는 것이 성장과 성숙의 과정이라는 것도 잊지 마세요.

집에 돌아오는 길 (2017)

노래: 악동뮤지션 | 작사: 이찬혁

버스 기사 아저씨의 무심한 초점
끝이 막막한 계단은 땅을 보며 걸어
꽉 막힌 도로 뚫릴 때까지 하늘색을 보며 점쳐
후회하는 내 맘 감추기 위해
석양은 붉어져

하루를 끝내고 나오는 한숨
아침에게 빌린 희망은 다시 반품
어찌 됐든 간 이래저래 뒤로 넘어간 해 머릴 보며
대충 재보는 집까지의 거리
해야 할 일에 다 쓰고 남은 하루
새로운 걸 다시 시작하기엔 버겁고
흘리긴 아까워도, 구멍 난 신발 메꾸고
짊어진 가족의 꿈을 향해
이어폰을 귀에 걸고
Turn the music on

가로등이 줄지어 굽이진 벽돌담이
날 조이는 골목길을 지나
모난 돌 하나 발끝에 밀며 앞장세워 따라가다가
익숙한 냄새와 귀 익은 소리
떠날 때부터 여전히 우리 옆집은 강아지가 짖고

시퍼렇게 멍든 대문이 삐걱대

날 적시는 밤공기는 눅눅해
끝이 안 보이는 앞길은 묵묵히 걸어가
걸어가, 숨이 목에 올라 차
포기할 것 같으면 주저앉아 쉬다가
생각해, what you have been doing for
그토록 힘이 든 아까 일도
오늘이 지나면 잊혀지겠지
이불을 덮고 시간과 함께 잠들고 싶어
함께 잠들고 싶어

허릴 굽혀 오르막길을 올라
멀리서부터 흐르는 찌개 냄새
어딘가는 정적, 어딘가는 웃음소리
내 흐트러진 옷맵시

다들 파란불을 기다리면서
온통 빨간불에만 모여 있듯이
나는 행복을 기다리면서
온통 사소한 불만 고여 있었지
행복을 기다리면서

온통 사소한 불만 고여 있었지

가로등이 줄지어 굽이진 벽돌담이
날 조이는 골목길을 지나
모난 돌 하나 발끝에 밀며 앞장세워 따라가다가
익숙한 냄새와 귀 익은 소리
떠날 때부터 여전히 우리 옆집은 강아지가 짖고
시퍼렇게 멍든 대문이 삐걱대

가로등이 줄지어 굽이진 벽돌담이
날 조이는 골목길을 지나
어둑어둑한 달밤, 하늘에 가족 얼굴 그려보다가
익숙한 냄새와 귀 익은 소리
덜 깬 잠으로 마주한 따뜻했던 오늘 아침밥처럼
눈앞에 뿌연 아지랑이, 피곤해

외로움과 따뜻함을
마주하는 시간

〈집에 돌아오는 길〉은 노랫말이 익숙하고 평범해서 처음 들을 땐 그냥 가볍게 흘려들을 수 있어요. 하지만 가만히 듣고 있으면 어느새 내 하루가 떠오르고, 내가 걷는 길 위에서 느끼는 감정들이 하나둘씩 살아나는 걸 느끼게 됩니다.

이 노래는 **버스 기사 아저씨의 무심한 초점**에서 시작해요. 지친 하루 일과를 마치고 집으로 향하는 길에서 마주하는 장면들이 하나하나 그려집니다. 꽉 막힌 도로, 붉어진 석양, 해야 할 일에 다 써버린 하루……. 이는 많은 이들의 퇴근길, 혹은 학원에서 돌아오는 학생들의 발걸음과 닮았어요.

이 노래에서 특히 주목할 점은 현대인의 일상성과 고단함 그리고 소소한 따뜻함을 함께 포착하고 있다는 거예요. **아침에게 빌린 희망은 다시 반품**이라는 구절은 기대했던 하루가 마음처럼 되지 않았다는 쓸쓸함을 담고 있어요. 그와 동시에 **익숙한 냄새와 귀 익은 소리**는 우리가 돌아가는 집이 단지 건물이 아니라 마음이 쉴 수 있는 장소라는 사실을 밝혀줍니다.

이러한 감정은 '삶의 반복성과 존재의 의미'라는 인문학적 관점으로 이어질 수 있어요. 철학자 알베르 카뮈는 **인생이란 시시포스가 바위를 밀어 올리는 일처럼 반복되는 노동일 수 있다**고 말했어요. 매일 똑같은 길을 걷고, 같은 풍경을 보며, 끝이 보이지 않는 계단을 올라가야 하는 삶. 하지만 사람들은 그 속에서도 의미를 찾고, 웃음을 짓고, 노래를 부르며 살아간다고 했죠. 〈집에 돌아오는 길〉도 그런 메시지를 전하고 있어요. 힘들었던 하루지만, 집에 돌아와 찌개 냄새를 맡고 웃음소리를 들으며 다시 따뜻해지는 순간 말이에요.

사회학적으로 보면, 이 노래는 **도시 사회의 고립감과 인간관계의 희미함**을 보여주고 있어요. 사회학자 게오르그 짐멜은 도시인들이 무관심하고 냉담해지는 것을 '블라제(blasé, '무감각해진', '흥미를 잃은'이라는 뜻의 프랑스어) 태도'라고 설명했어요. 우리는 반복되는 자극과 정보 속에서 살아남기 위해 무심해지고 감정 표현도 줄어들죠. **버스 기사 아저씨의 무심한 초점**은 그런 태도를 잘 보여줘요. 하지만 그런 가운데에서도 사람들은 작은 감각에 기대 살아가요. **멀리서부터 흐르는 찌개 냄새나 모난 돌 하나 발끝에 밀며** 걷는 것처럼, 작고 사소한 감각들로 삶을 지탱하고 있죠.

나는 행복을 기다리면서 온통 사소한 불만 고여 있었지

특히 노래 후반부에 나오는 이 구절은 우리에게 큰 울림을 줘요. 우리는 '행복'을 아주 큰 가치로 여기고 그것이 찾아오기를 기다리죠. 그러느라 지금 내 옆에 있는 작고 소중한 것들을 놓칠 때가 많아요. 또 지금의 불편, 짜증, 피로감에만 집중하다 보면 우리가 이미 누리고 있는 따뜻한 집밥이나 익숙하고 사소한 것들이 주는 위로를 놓쳐버릴 수도 있습니다.

이 노래는 집에 돌아오는 길이 단순한 이동이 아니라 자신을 회복하고 되돌아보는 시간이라고 말해요. **함께 잠들고 싶어**라는 구절은 혼자가 아닌 누군가와 함께이고 싶다는 바람을 담고 있어요. 그 대상이 꼭 사람이 아니어도 좋아요. 음악, 기억, 따뜻한 공기 혹은 그 어떤 것이라도 괜찮습니다.

짐멜은 '블라제 태도'와 상반되는 '정신적 태도(mental attitude)'에 대해서도 말했어요. 정신적 태도는 우리가 세상을 바라보고 살아가는 내면의 마음가짐을 뜻해요. 같은 행동을 하더라도 어떤 태도로 임하느냐에 따라 그 행동의 의미와 가치가 달라질 수 있습니다. 예를 들어, 공부를 억지로 한다면 피곤하고 지치겠지만, 성장하고 싶다는 마음으로 하면 공부에 대한 감정이 다르게 느껴질 수 있어요. 짐멜은 **삶에서 중요한 것은 결과가 아니라 그것을 대하는 우리의 정신적 태도**라고 강조했습니다. 이 태도가 결국 삶의 깊이와 방향을 결정한다고 본 것이죠.

여러분도 매일 반복되는 하루 속에서 지치거나 무기력해질 때가 있을 거예요. 하지만 그 안에서도 자신을 돌아볼 수 있다면, 거기서 삶의 온기를 찾을 수 있어요. 돌아가는 길이 익숙하고 단조롭다고 느껴질지라도, 그 길에는 여러분만의 이야기가 있고, 소중히 여길 만한 무언가가 숨어 있을지도 모릅니다.

너무 애쓰고 싶지 않아요 (2024)

노래: 브로콜리너마저 | 작사: 덕원

너무 애쓰고 싶지 않아요
새 신발을 신고 나온 날처럼
걷다 보면 언젠가는 무뎌지겠죠
신발의 목적은 원래 닳아가는 것 아닐까요

어떤 노래는 날개를 달고
적은 몸짓으로 높이 오르지만
내가 불러주는 만큼만
머물러 있을 수 있는 이름도 있죠

모든 것이 닳더라구요
삶도 노래도

뭔가 이뤄내면 괜찮을 줄 알았죠
하지만 그 어떤 것도 시간을 이길 수 없죠
사랑도 사람도

나의 모든 게 닳아요
몸도 마음도, 꿈과 사랑도

모든 것이 닳더라구요
삶도 노래도

뭔가 이뤄내면 괜찮을 줄 알았죠
하지만 그 어떤 것도 시간을 이길 수 없죠
사랑도 사람도

나의 모든 게 닳아요
몸도 마음도, 꿈과 사랑도

내가 갖고 싶던 것도
가졌다고 생각한 것도 모두
아름답고 쓸모없는 작은 돌 하나

닳아가는 삶에서
나를 지키는 법

이 노래는 누구도 쉽게 말하지 못한 마음을 살며시 끄집어냅니다.

너무 애쓰고 싶지 않아요

이 말은 마치 길고 긴 하루 끝에서 혼자 중얼거리는 고백처럼 들립니다. 바쁘고 정신없는 세상에서, 그 속도를 따라가기 위해 애쓰다 지친 마음. 우리가 가끔 느끼는 그 말 못 할 피로와 무력감을 대신 말해 주는 듯해요.

새 신발을 신고 나온 날처럼

걷다 보면 언젠가는 무뎌지겠죠

신발의 목적은 원래 닳아가는 것 아닐까요

이 노래의 첫 부분에서는 삶을 '신발'에 비유하고 있어요. 예쁘고 새것 같던 삶도 세월이 흐르면 닳고 상하게 마련이라는 뜻이죠. 우리가 살아가는 일상 자체가 사실은 조금씩 닳고 조금씩 지쳐가는 과정이라는 말입니다. 여기에는 삶의 무게를 말없이 견뎌내는 성숙함도 담겨 있어요.

이 지점에서 철학자 쇼펜하우어가 떠오릅니다. 그는 **삶은 고통과 지루함 사이의 진자 운동**이라고 말했어요. 우리가 뭔가를 간절히 원할 땐 고통스럽지만, 그걸 얻고 나면 얼마 지나지 않아 지루해지죠. 이 반복 속에서 사람들은 점점 지치게 된다는 거예요. 그래서 쇼펜하우어는 욕망을 줄이고 삶을 받아들이는 자세가 중요하다고 했어요.

이 노래 속 화자도 이렇게 말하죠.

뭔가 이뤄내면 괜찮을 줄 알았죠

하지만 그 어떤 것도 시간을 이길 수 없죠

무언가를 열심히 해서 좋은 결과를 얻어도, 결국엔 시간 앞에서 모든 것이 닳고 흐릿해지는 걸 느끼게 된다는 거예요. 그렇다고 이 노래가 체념만 말하는 건 아니에요. 마치 이렇게 묻고 있는 듯하죠.

정말 그렇게까지 애써야 할까? 무언가를 얻기 위해 나 자신을 잃어버릴 필요가 있을까? 잠깐 멈춰서 숨 좀 돌려도 괜찮지 않을까?

중국의 작가 루쉰은 '**희망이란 본래 있는 것도 아니고 없는 것도 아니다. 마치 땅 위의 길과 같다. 걸어가는 사람이 많으면 길이 되는 것이다.**'라고 말했어요. 누군가가 먼저 길을 내지 않으면 누구도 그 길을 찾을 수 없어요. 애쓰지 않고 묵묵히 '나의 리듬'을 찾는 것도 이 시대에 꼭 필요한 새로운 길일 수 있습니다.

이 노래의 마지막 부분은 특히 인상적이에요.

내가 갖고 싶던 것도, 가졌다고 생각한 것도 모두

아름답고 쓸모없는 작은 돌 하나

어쩌면 이 말은 우리가 끝없이 갈망했던 것들이 실은 별것 아닐 수도 있다는, 그리고 결국 남는 건 조용히 나를 지켜준 작고 단단한 마음 하나일지도 모른다는 뜻이 아닐까요? 이건 허무함이 아니라 오히려 새로운 눈뜸이에요. 이제야 진짜 중요한 걸 보게 되었다는 말이니까요.

여러분도 요즘 많이 애쓰고 있지 않나요? 모두가 열심히, 빨리, 멋지게 살라고 말하는 시대지만, 그게 늘 옳은 건 아니에요. 가끔은 나만의 속도로 걷고, 나를 조금 덜 몰아붙이는 것도 괜찮아요. 그러니 오늘 하루, 조금 '덜' 애쓰면 어떨까요? 그리고 나 자신에게 물어보세요. 지금 내가 가장 지키고 싶은 게 무엇인지. 그것이 정말 나를 아프게 할 만큼 간절한 일인지 말이에요.

돌덩이

노래: 하현우 | 작사: 이치훈, 광진

Hit me harder. Make me strong
그저 정해진 대로 따르라고
그게 현명하게 사는 거라고
쥐 죽은 듯이 살라는 말
같잖은 말, 누굴 위한 삶인가

뜨겁게 지져봐
절대 꼼짝 않고 나는 버텨낼 테니까
거세게 때려봐
네 손만 다칠 테니까

나를 봐, 끄떡없어
쓰러지고 떨어져도
다시 일어나 오를 뿐야
난 말야, 똑똑히 봐
깎일수록 깨질수록
더욱 세지고 강해지는 돌덩이

감당할 수 없게 벅찬 이 세상
유독 내게만 더 모진 이 세상
모두가 나를 돌아섰고 비웃었고
아픔이 곧 나였지

시들고 저무는 그런 세상 이치에
날 가두려 하지 마
틀려도 괜찮아
이 삶은 내가 사니까

나를 봐, 끄떡없어
쓰러지고 떨어져도
다시 일어나 오를 뿐야
난 말야, 똑똑히 봐
깎일수록 깨질수록
더욱 세지고 강해지는 돌덩이

누가 뭐라 해도 나의 길
오직 하나뿐인 나의 길
내 전부를 내걸고서 걸어가
계속해서 부딪히고 넘어져도
다시 일어나 걷는 거야
언젠가 이 길 끝에 서서
나도 한번, 크게 한번
목이 터져라 울 수 있을 때까지

고통 속에서
더 단단해진 돌덩이

이 노래를 듣다 보면 마치 누군가 거칠게 던진 인생의 질문 앞에서 묵묵히 버티는 한 사람의 얼굴이 떠오릅니다. 이 노래는 삶에 대한 화자의 투지나 각오를 넘어서, 우리 모두가 겪는 고통과 시련의 시간을 어떻게 받아들이고 지내야 하는지 힘있게 말하고 있습니다.

Hit me harder. Make me strong

노래 속 화자는 자신에게 다가오는 고통을 거부하지 않습니다. 오히려 더 세게 맞아서 강해지기를 원하죠. 이는 '나를 죽이지 못하는 고통은 나를 더욱 강하게 만든다.'라는 철학자 니체의 말을 떠올리게 합니다. 니체는 인간이 고통을 피할 수 없는 운명을 지녔음을 인정하면서, 인간은 그 고통 속에서 스스로 단련하고 성장해야 한다고 보았어요. 삶은 결코 부드럽고 편안하게 흘러가지 않습니다. 그 안에서 우리가 할 수 있는 일은, 깎이고 깨지면서도 더 단단해지는 '돌덩이'가 되는 것입니다.

화자는 묻습니다. 그저 정해진 대로 따르는 게 현명하게 사는 것인지? 우리가 흔히 듣는 말이죠. 고분고분 살고, 튀지 말고, 흐름에 맞춰 조용히 사는 것이 자신을 위한 태도라고도 합니다. 하지만 이런 삶이 정말 나를 위한 것일까요? 니체는 이런 식의 삶을 '노예 도덕'이라 부르며 비판했습니다. 그는 사람들이 사회의 눈치를 보며 기존의 규범에 자신을 맞추는 삶을 살게 될 때 진정한 자아를 잃어버린다고 했어요. 그렇기에 그는 위버멘쉬(Übermensch), 즉 '초인(超人)'이라는 개념을 통해 기존 가치에 순응하지 않고 자신의 가치를 창조해 가는 존재를 상상했습니다. 이 노래 속 '돌덩이'는 바로 그런 초인을 닮았어요. 돌덩이는 타인의 평가에 굴하지 않고 수많은 시련을 에너지 삼아 앞으로 나아가는 존재입니다.

화자는 또 이렇게 말해요.

쓰러지고 떨어져도 다시 일어나 오를 뿐야

무너져도 주저앉지 않고 다시 올라가는 모습은 니체가 말한 '영원 회귀' 사상을 떠올리게 해요. 고통과 실망이 반복될지라도 그 안에서 다시 삶을 긍정할 수 있다면, 우리는 참된 존재로서 살아가는 것입니다. 삶이 반복되더라도 "그래, 나는 이 삶을 다시 살겠다."라고 말할 수 있다면, 그것이 진정 강한 사람의 태도 아닐까요.

틀려도 괜찮아. 이 삶은 내가 사니까

그리고 이 구절은 우리에게 '내 삶의 주인은 과연 누구인가?'라는 중요한 질문을 던집니다. 니체는 주체적 삶을 강조했는데, 이는 남들이 정해 놓은 기준이 아닌 스스로 생각하고 선택하며 사는 삶을 말해요. **누가 뭐라 해도 나의 길, 오직 하나뿐인 나의 길**이라는 화자의 외침은, 니체가 강조한 주체적 삶을 향한 강한 의지를 드러내요. 누군가의 기대에 맞추지 않고 나 자신이 옳다고 믿는 길을 걷는 것. 그것이 니체가 말한 강한 인간, 곧 삶을 창조하는 자의 모습입니다.

노래의 마지막 부분은 더욱 인상 깊어요. 오랜 인내의 시간을 견뎌낸 끝에 화자가 터뜨리는 울음 속에는 감격스러움이 담겨 있을 거예요. 누구에게나 울고 싶을 만큼 힘든 순간이 있죠. 그러나 그 순간을 눈물과 슬픔으로 채우는 것이 아니라, 버텨낸 자신에 대한 위로와 존경으로 채운다면 우리가 걸어온 삶을 더 사랑할 수 있게 될 거예요. 니체는 삶에 대해 이야기하면서 아모르 파티(Amor fati), 즉 '운명을 사랑하라'고 말했어요. 자신에게 주어진 고통조차 끌어안으며 사랑할 수 있을 때, 우리는 비로소 삶을 주체적으로 살아갈 수 있다는 말입니다.

〈돌덩이〉는 '고통을 두려워하지 않고 상처받은 나를 외면하지 않으며 내 길을 스스로 걸어갈 준비가 되어 있나요?'라고 우리에게 묻습니다. 그 길이 비록 거칠고 외롭더라도, 우리는 깎이고 깨지며 돌덩이처럼 단단해질 수 있어요. 지금 자신의 삶이 무겁고 거칠게 느껴진다면, 이 노래를 들으며 이렇게 말해 보세요.

"괜찮아. 나는 쓰러져도 다시 일어날 수 있어. 내 삶은 내가 사는 거니까."

그래도 돼 (2024)

노래: 조용필 | 작사: 임서현

앞만 보고 달려왔던 길이
어딜 찾아가고 있는지
까마득히 멀어지는 날들
행여 낯선 곳은 아닐지

어느새 차가운 시선에
간직한 다짐을 놓쳐!
그래도 내 마음은
떠나지 못한 채 아쉬워

이 길에 힘이 겨워도
또 안 된다고 말해도
이제는 믿어, 믿어 봐
자신을 믿어, 믿어 봐

차오르는 숨을 쏟아내도
떠밀려서 가진 않았지
내 어깨 위를 누른 삶의 무게
그 또한 나의 선택이었어

어느새 차가운 바람에
흩어져 버리는 외침!

처음에 가졌던 마음은 그대로
일렁이는데

두 팔을 크게 펼쳐
더 망설이지 않게
이제는 믿어, 믿어 봐
자신을 믿어, 믿어 봐

이제는 믿어, 믿어 봐
자신을 믿어, 믿어 봐
지금이야 그때

지치고 힘이 들 때면
이쯤에서 쉬어 가도 되잖아
그래도 돼, 늦어도 돼
새로운 시작
비바람에, 두려움에 흔들리지 않아

이 길에 힘이 겨워도
또 안 된다고 말해도
이제는 믿어, 믿어 봐
자신을 믿어, 믿어 봐

두 팔을 크게 펼쳐
더 망설이지 않게
이제는 믿어, 믿어 봐
자신을 믿어, 믿어 봐

이제는 믿어, 믿어 봐
자신을 믿어, 믿어 봐
지금이야 그때
이젠 믿어

나를 믿는다는 것의
의미

〈그래도 돼〉를 듣고 있으면 저절로 편안한 위로가 마음에 스며듭니다. 인생을 살다 보면 누구나 '내가 잘 가고 있는 걸까?' 하고 불안할 때가 있어요. 앞만 보고 달려가다가 문득, 어디로 가고 있는지 모르겠다고 느껴질 때도 있죠. 이 노래의 첫 구절은 바로 그 막막한 순간을 담고 있습니다.

앞만 보고 달려왔던 길이, 어딜 찾아가고 있는지

까마득히 멀어지는 날들, 행여 낯선 곳은 아닐지

이 부분은 철학자 키르케고르가 말한 '불안'의 감정과 맞닿아 있어요. 키르케고르는 **선택의 자유 앞에서 우리는 불안을 만난다**고 했습니다. 어떤 길을 선택해야 할지, 그 길이 맞는지 알 수 없을 때 불안하죠. 하지만 그 불안이야말로 인간이 '자유롭게 선택할 수 있는 존재'임을 증명하는 것이기에 오히려 긍정적이라고 했습니다. 이 노래의 화자도 그런 불안 속에 서 있어요.

그래도 내 마음은 떠나지 못한 채 아쉬워

이 구절은 역경과 불안 속에서도 완전히 포기하지 못하고 마음 한편에 간절함을 품고 있는 모습을 그리고 있습니다. 키르케고르의 관점에서 보면, 이 상태는 실존적 불안 속에서 자신의 가능성을 끝까지 붙들고 있는 용기를 보여준다고 해석할 수 있어요. 노래 속 화자는 어려움에 부딪혀 마음이 흔들리고 두렵겠지만, 그렇다고 완전히 길을 접고 도망치지는 않습니다. **마음은 떠나지 못한 채**라는 표현이 그것을 말해 주죠. 이는 불안을 무릅쓰고서라도 자신의 꿈이나 길을 계속 붙잡고 있는 상태입니다. 노래 속 화자는 지금 불안을 느끼면서도 그 불안을 통과하여 자기 자신이 진정 원했던 길을 선택하려고 애쓰고 있습니다.

한편, 이 노래에 반복적으로 나오는 구절이 있습니다.

이제는 믿어, 믿어 봐 / 자신을 믿어, 믿어 봐

심리학에서는 자신을 믿는 마음을 '자기 효능감(Self-efficacy)'이라고 불러요. 심리학자 알버트 밴두라가 이름 붙인 개념인데, 쉽게 말해 '나는 할 수 있다'는 믿음입니다. 이 믿음이 있는 사람은 어려움을 만나도 도전하고 다시 일어설 수 있습니다. 반대로 자기 자신을 믿지 못하면 시도하기도 전에 포기하게 되죠. 이 노래에서 믿어 보라는 말은 '쉬어 가도 괜찮고, 늦어도 괜찮다'는 다정한 격려에 가깝습니다.

내 어깨 위를 누른 삶의 무게

그 또한 나의 선택이었어

이 부분은 실존주의 철학자 사르트르의 생각을 떠올리게 합니다.

사르트르는 인간이 스스로 선택한 행동에 대해 책임을 져야 한다고 했어요. 하지만 그는 선택의 책임을 무겁게 보지는 않았고, 오히려 **그 선택이 바로 나 자신을 만든다**고 보았지요. 이 노래에서도 화자는 자신이 걸어온 길이 힘들었지만, 그것이 '내가 선택한 길'이었음을 받아들입니다. 성숙한 '수용의 태도'라 할 수 있죠.

그리고 **이쯤에서 쉬어 가도 되잖아**라는 구절은, 삶이 단거리 경주가 아니라 긴 여정임을 알려줍니다. 잠시 멈춰 숨을 고르는 것도 인생의 일부이며, 그렇기 때문에 그것 역시 훌륭한 인생의 선택지가 될 수 있습니다.

〈그래도 돼〉는 청춘의 불안과 흔들림 속에서도 지금의 자신을 믿으라고 말합니다. **지금이야 그때**라는 마지막 구절은 지치고 흔들려도 지금의 내가 이미 출발선 위에 서 있다는 사실을 일깨우는 듯합니다.

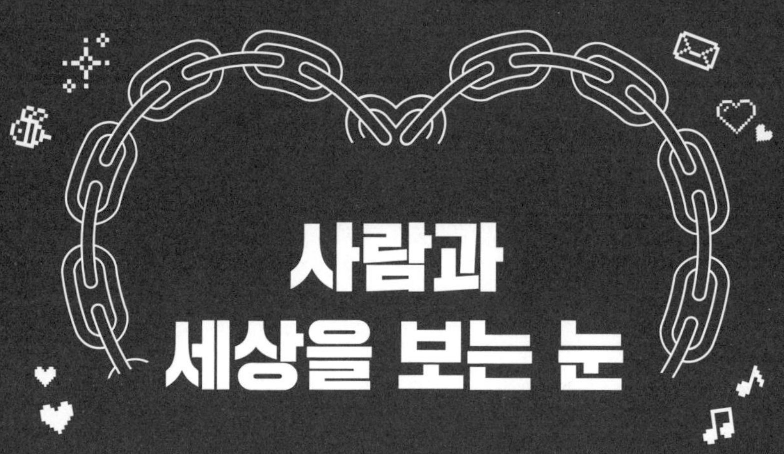

사람과 세상을 보는 눈

"우리가 보는 것은 사물이 아니라
그것에 대한 우리의 해석이다."
_니체

고래

노래: 악동뮤지션 | 작사: 이찬혁

고래야, 적어도 바다는
네가 가졌으면 좋겠어
고래야, 헤엄하던 대로
계속 헤엄했으면 좋겠어

부러워 난, 고래야 네가
아마도 다들 그럴 거야
아마도 다들 그래서
바다를 빼앗으려는지 몰라

오, 거대한 너의 그림자를 동경해
이 넓은 바다를 누비는 너의 여유

고래야, 적어도 바다는
네가 가졌으면 좋겠어
고래야, 마른하늘 위로
물을 뿌려줬으면 좋겠어

두려워 마, 굉음 소리가
아무리 크다 한들 해도
천둥에 미치지는 못하니까

오, 거대한 너의 그림자를 동경해
이 넓은 바다를 누비는 너의 여유

하늘의 거울 바다, 땅의 세숫대야 바다
이슬의 고향 바다, 고래의 집 바다
기억의 저편 바다, 어머니의 눈물 바다
지구의 호흡 바다, 고래의 심장

오, 거대한 너의 그림자를 동경해
이 넓은 바다를 누비는 너의 여유

고래가 알려준
삶의 방식

나도 모르게 점점 작아지는 기분을 느낄 때가 있어요. 학교에서는 좋은 성적, 사회에서는 바른 태도, 친구들 사이에서는 눈치를 요구받죠. 이런 여러 가지 강박과 타인의 시선 속에서 나 자신을 잃어가는 것 같은 기분. 그런 기분이 들 때, 악동뮤지션의 노래 〈고래〉는 조용하지만 분명한 목소리로 우리에게 말합니다. **고래야, 적어도 바다는 네가 가졌으면 좋겠어**라고요.

이 노래의 화자는 고래를 바라보며 부러움과 동경, 그리고 보호해 주고 싶은 마음을 담아 말을 건넵니다.

고래야, 헤엄하던 대로 계속 헤엄했으면 좋겠어

이 말에는 순수하고 자유로운 존재가 제자리에서 계속 살아가기를 바라는 간절한 마음이 담겨 있어요. 이때의 고래는 단순한 바다 생물이 아닙니다. 누군가의 기준에 흔들리지 않고 자기 속도로 살아가는 존재, 나답게 살아가는 사람, 또는 우리 안에 살아 있는 꿈과 같은 상징으로 읽을 수 있어요.

그런데 노래 속 화자는 이렇게도 말하죠.

아마도 다들 그래서 바다를 빼앗으려는지 몰라

이 구절에는 깊은 철학적 통찰이 담겨 있습니다. 왜 사람들은 자유롭게 살아가는 존재를 보면 부러워할까요? 그리고 왜 그 부러움이 종종 '빼앗으려는 욕망'으로 변할까요?

프랑스의 철학자 루소는 이런 점에 대해 흥미로운 통찰을 남겼어요. 그는 인간이 원래는 자연 속에서 자유롭고 평화롭게 살던 존재였지만, 사회가 발전하면서 사람들은 타인의 눈치를 보기 시작했고, 점점 '진짜 나'보다는 '남들이 보는 나'를 더 중요하게 여기게 되었다고 했습니다. 그렇게 우리는 남보다 앞서려고, 더 많은 걸 가지려고 경쟁하며 살아가게 된 것이죠.

노래 속 고래는 바로 그런 세상의 기준과는 다르게 자기의 삶을 온전히 살아가는 존재입니다. 느긋하게 바다를 누비고 자기 호흡대로 움직이죠. 그런 고래를 보며 사람들은 '그 여유'를 부러워하고, 결국엔 그것을 빼앗으려고 할지도 모릅니다. 왜냐하면 자기 안에 없다고 느끼는 것을 가진 존재를 보면 그것을 없애버리거나 소유하고 싶은 마음이 생기기 때문이에요. 루소가 말한 것처럼, 인간은 비교 속에서 불행해지고, 비교 속에서 순수함을 잃습니다.

거대한 너의 그림자를 동경해

이 넓은 바다를 누비는 너의 여유

이 말은 단순한 부러움의 표현이 아닙니다. 점점 작아지고 여유를 잃어가는 이들의 갈망이 담긴 표현일 수도 있어요. 우리는 자유와 여유를 동경하면서도 어쩔 수 없이 그것을 방해하는 사회의 틀에 갇혀 살고 있죠. 하지만 이 노래는 우리에게 겁내지 말라고 말해 줍니다.

두려워 마, 굉음 소리가 아무리 크다 한들 해도

천둥에 미치지는 못하니까

이 말은 우리에게 위로가 되는 내용이에요. 여기서 '굉음'은 사회가 요구하는 소리, 즉 "이렇게 살아야 해.", "저 사람이 너보다 앞섰어." 같은 말들일 수 있어요. 하지만 그런 소리가 아무리 커도, 진짜 우리 마음속에서 울리는 '천둥', 즉 나를 향한 믿음과 감정 그리고 외침이 훨씬 더 강하다는 말이니까요.

이 노래의 후반부에는 바다가 다양한 상징으로 등장해요.

하늘의 거울, 땅의 세숫대야, 이슬의 고향, 고래의 집……

이런 표현들을 보고 있으면 바다가 단지 고래의 서식지가 아니라 우리가 잃어버린 순수함, 기억, 감정, 고향 같은 것들을 담고 있다는 걸 느끼게 돼요. 바다는 누군가의 삶터이자 우리가 되찾아야 할 마음의 공간입니다. 고래가 그 안에서 여유롭게 살아가듯, 우리도 그 바다를 되찾고 지켜야 한다는 것이죠.

혹시 여러분도 자기만의 바다를 지키고 싶은 마음이 있나요? 또는 누군가가 여러분의 바다를 흔들거나 좁게 만들었던 적이 있었나요? 우리가 살아가는 이 사회는 자꾸 나와 남을 비교하게 만들고, 내가 누구인지보다 '어떻게 보여야 하는지'를 더 중요하게 여기곤 해요. 하지만 우리 안에도 고래처럼 묵묵히 헤엄칠 수 있는 힘이 있습니다. 타인의 시선에 휘둘리거나 신경 쓰지 않고 나 자신을 믿는 여유 말이죠.

이 노래는 '당신은 당신대로 괜찮다. 누구든 당신의 바다를 빼앗아선 안 된다.'라는 메시지를 전합니다. 그러니 오늘 하루, 그 바다를 되찾는 연습을 해보는 건 어떨까요? 타인의 말에 귀 기울이기보다 내 마음 깊은 곳에서 울리는 파도 소리에 잠시 집중해 보세요. 그러면 우리도 고래처럼 묵직하게, 그리고 자유롭게 헤엄칠 수 있게 될 겁니다.

I'm Unhappy (2023)

노래: 에스파 | 작사: 이스란 외

멈춰 버린 My timeline

지루해진 Day and night

재미없고 따분해

뻔한 Every day, Yeah

새 피드 속의 우릴 보면

왠지 딴 세상 얘기 같아

나만 빼고 행복해

But I'm not okay, Yeah

다들 완벽해 보이는 매일

나 혼자만 Log-out 된 듯이

이 세상과 내 마음의 거린 So far

이건 마치 Hell야

I'm Unhappy

행복한 척 Tell ya

But I'm Unhappy

보란 듯이 꾸미기 바쁜 Feed

궁금하지 않아, 난 Set me free

이건 마치 Hell야

I'm Unhappy, I'm Unhappy, I'm Unhappy

가상 현실 속같이 누가 진짜 나인지
이젠 뭐가 맞는지 몰라, You and me
Tell me what you're,
What you're feeling
I got trouble trouble healing
필요한 건 오직 Chilling
날 놓아줄 수 없다면 Delete me

다들 완벽해 보이는 매일
나 혼자만 Log-out 된 듯이
이 화면 속과 내 마음의 거린 So far
이건 마치 Hell야
I'm Unhappy
행복한 척 Tell ya
But I'm Unhappy

보란 듯이 꾸미기 바쁜 Feed
궁금하지 않아, 난 Set me free
이건 마치 Hell야
I'm Unhappy, I'm Unhappy
I'm Unhappy, I'm Unhappy

I want and I need it
난 진짜를 원해
I want and I heal it
난 더 늦기 전에 용기 내 Delete
I'm not alone

허상뿐인 가짠 No more

숨 막힐 듯한 매일

I wanna stop

Yeah, I don't know what you're looking for

이제부턴 Tell ya

I'm so happy

솔직하게 Tell ya

Yeah, I'm so happy

보란 듯이 꾸미기 바쁜 Feed

미련 없이 벗어나, Set me free

내가 아닌 나로만 가득한 세상은 싫어

Tell ya

I'm so happy, I'm so happy

- Set me free (자유롭게 해줘)
- Tell me what you're, what you're feeling (네 기분이 어떤지 말해 봐)
- I got trouble trouble healing (나는 치유받기 어려워)
- Chilling (차가움, 쌀쌀함)
- I wanna stop (멈추고 싶어)
- Yeah, I don't know what you're looking for (그래, 나는 네가 무엇을 바라
  는지 몰라)

'척'하지 않는
진짜 '나'

요즘 SNS를 보다 보면 가끔 이런 생각 들지 않나요? '다들 잘 지내는 것 같은데, 왜 나만 이렇게 삶이 복잡하고 뒤처진 기분이지?' 예쁜 풍경, 웃는 얼굴, 반짝이는 일상들……. 친구들의 피드 속 모습은 늘 밝고 완벽해 보이는데, 그걸 보는 나는 오히려 더 초라해지고, 어쩐지 나만 '로그아웃' 된 것 같은 기분이 들 때가 있어요. 〈I'm Unhappy〉는 바로 그런 순간의 감정을 솔직하게 담아낸 노래입니다.

I'm Unhappy, 행복한 척, but I'm Unhappy

겉으로는 아무렇지 않은 척, 웃고 잘 지내는 척하지만, 사실은 속으로 울고 싶은 날들. 이중적인 감정이 반복되다 보면 진짜 내 마음은 점점 더 숨기고, 어느 순간 '나는 누구지?' 하는 생각까지 들게 되죠. 이 노래에 등장하는 화자 역시 비슷한 감정을 겪고 있어요.

나 혼자만 Log-out 된 듯이, 이 세상과 내 마음의 거린 So far

이건 마치 Hell야

주변 사람들은 다 연결되어 있는 것 같고, 나만 뒤처진 느낌. 말도 안 되는 압박이 밀려오고, 내 마음은 지쳐 있는데 겉으론 멀쩡한 척해야 하니까 더 외롭고 힘든 거예요.

심리학자 칼 로저스는 이런 상태가 **'현실적 자아'와 '이상적 자아' 사이의 간극** 때문에 생긴다고 말했어요. 현실적 자아는 지금의 나, 있는 그대로의 나이고, 이상적 자아는 내가 되고 싶은 모습 혹은 남들이 기대하는 내 모습이에요. 우리가 SNS에 올리는 모습들, 친구들 앞에서 보여주는 태도들은 대부분 '이상적인 나'에 가까워요. 하지만 그 모습이 '현실적 자아'와 너무 다르면 점점 불안하고 외롭고, 결국 진짜의 '나'를 잃어버리게 되죠.

보란 듯이 꾸미기 바쁜 Feed

궁금하지 않아, 난 Set me free

이 구절은 우리에게 이렇게 묻는 것 같아요. '나는 나를 위해 사는 걸까, 남들에게 보여주기 위해 사는 걸까?' 물론 SNS에 예쁜 사진을 올리고, 나를 잘 드러내는 건 나쁘지 않아요. 하지만 거기에 너무 많은 에너지를 쏟고, 내가 느끼는 진짜 감정은 계속 감춘다면, 우리는 언젠가 진짜 나의 모습을 잃어버릴 수도 있어요.

가상 현실 속같이 누가 진짜 나인지

이젠 뭐가 맞는지 몰라

노래 후반부에 나오는 이 구절은 지금 시대를 살아가는 많은 사람들의 진심일지도 몰라요. 사람들은 "너는 이런 사람이 되어야 해.", "이건 해야 하고 저건 하면 안 돼." 같은 말들을 너무 많이 해요. 그러다 보면 우리는 정말 내가 원하는 게 뭔지, 내가 어떤 사람인지 헷갈리기 시작하죠. 칼 로저스는 이런 상황을 벗어나기 위해선 **진짜 나를 있는 그대로 받아들이고 표현할 수 있는 용기**가 필요하다고 말했어요. 완벽한 나, 멋있는 나를 꾸미는 것도 좋지만, '지금 있는 그대로의 나'를 인정하는 것이 더 중요하다는 말이에요. 왜냐하면 그게 진정한 의미의 성장이 시작되는 출발점이거든요.

〈I'm Unhappy〉는 단순히 우울한 감정을 노래한 게 아니에요. 이건 "나답게 살아가고 싶어!"라는 간절한 외침입니다. 매일 누군가의 기대에 맞추려고 애쓰지만, 그러다 보면 내 마음은 점점 사라지고, 나도 내가 누구인지 잊어버리게 돼요. 이 노래는 그런 우리에게 다가와 이렇게 말해 줘요.

"괜찮아, 너만 그런 게 아니야. 나도 너랑 똑같은 기분이야."

그리고 우리는 노래의 마지막에 이르면 마침내 깨닫게 돼요. 진짜 행복은 '행복한 척'하는 게 아니라, 지금 이 순간의 나를 이해하고 받아들이는 것에서 시작된다는 걸요. 조금 부족해도, 덜 예뻐도 괜찮아요. 나를 있는 그대로 인정할 때, 우리는 비로소 진정한 나로 살아가는 길을 열 수 있습니다.

혹시 지금 여러분도 그런 기분인가요? 겉으로는 괜찮은 척해 보지만 속으로는 지쳐 있을 때, 누군가의 SNS를 보며 더 작아지는 기분이 들 때, 이 노래를 한번 들어보세요. 그리고 이렇게 말해 보세요.

"나는 지금 이대로도 충분히 괜찮아."

이 짧은 한마디가 오늘의 나를 지키는 데 큰 힘이 되어줄 거예요.

뱁새

(2025)

노래: 이무진 | 작사: 이무진

끝까지 하면은 된다는 말이 때때론

끝까지 틀리는 때도 때때론

급박히 내뱉은 날카로운 말이 내게로

습관인 듯 끝도 없이 내게로

나는 아니려나, 아니려나, 아니려나

순탄히 시작해 기대했던 결실은 계속해서

멀어진다, 닿을 수 없게 내게서

쓰라린 상처 아물 새 없이 듣기엔 괴로운

그 말이 너무 지치곤 해, 때론 때론

자, 이제 하나둘 곁을 떠나가는

한때는 같은 날을 꿈꿨던 사람을

거짓 없이 응원하고도

나 아무렇지 않도록

모든 걸 놓아보려 해

이대로 끝나버린대도 괜찮아

모두 날 떠나버린대도 괜찮아

난 이곳에, 난 이곳에 남은 뱁새

하얀 꽃가루가 흩날리던 유리색 바다

후회하지 않을 만큼 사랑했잖아

난 이곳에, 난 이곳에 남은 뱀새
날 이곳에 담은 세계

그까짓 좌절이 대수냐며 귀에 대고
끝까지 해보긴 했내, 제대로
해봤지, 모진 이들아
수없이 해봐도
안 되는 사람이 있기도 해, 때론 때론

자, 이제 하나둘 떠나간 다음 나는
너무도 까마득한 어두운 밤하늘 아래
아무 말 없는 채로
혼자가 될 걸 알고도
모든 걸 놓아보려 해

이대로 끝나버린대도 괜찮아
모두 날 떠나버린대도 괜찮아
난 이곳에, 난 이곳에 남은 뱀새
하얀 꽃가루가 흩날리던 유리색 바다
사랑하지 않을 만큼 후회했잖아
난 이곳에, 난 이곳에 남은 뱀새
난 이곳에

하나, 사실 하난 남겼어
놓지 못하겠어서 계속 쥐고 있던 건
아마 오늘 같았던 절경
두 걸음 남은 절벽 끝의 날 잡아줬던 너

그제서야 처음 어린아이처럼
네 품에 안긴 채 펑펑 울었던 기억
아아, 아아 아
그 하나가 남아 하나도 안 괜찮아
후회해도 사랑해도 너무 아프다
난 이곳에, 난 이곳에 남은 뱁새
날 이곳에 가둔 세계
날 가둔 세계

끝까지 하면은 된다는 말이 때때론
끝까지 틀리는 때도 때때론

절망 끝에서
발견한 깨달음

"끝까지 하면 돼."라는 말이 우리에게 희망을 주기도 하지만, 때로는 더 깊은 무력감을 안겨주기도 합니다. 〈뱁새〉는 그런 말들에 상처받고 절망한 뒤 결국은 자기 자리를 지키기로 선택한 사람의 이야기를 담은 노래예요. 빠르게 돌아가는 경쟁 사회에서 남겨진 '나의 자리'를 되묻는 이 노래는, 특히 청소년들에게 특별한 의미를 줍니다.

노래 제목인 '뱁새'는 '뱁새가 황새 따라가다 가랑이 찢어진다'는 속담에 등장하는데, 이 속담은 남들을 넘보지 말고 자기 자리를 지키라는 냉소적인 의미를 담고 있어요. 이 노래는 바로 그 '뱁새'로 상징되는 사람들의 눈물과 체념, 그리고 나직한 결심을 담고 있습니다.

> 그까짓 좌절이 대수냐며 귀에 대고, 끝까지 해보긴 했내 제대로
> 해봤지, 모진 이들아
> 수없이 해봐도 안 되는 사람이 있기도 해, 때론 때론

이 부분은 현대 사회의 냉혹한 시스템에 대한 반박입니다. 우리

는 끊임없이 '할 수 있다'는 말을 듣지만, 실제로는 모두가 똑같이 성공할 수 없다는 사실도 알고 있어요. 철학자 한병철은 오늘날 사회를 '성과 사회'라고 말했습니다. 예전의 사회가 규율과 금지로 사람을 통제했다면, 지금은 "너는 할 수 있어.", "스스로 더 나아져야 해."라는 식으로 자기 자신을 끊임없이 몰아세우게 만드는 사회가 되었다는 거예요.

이런 성과 사회에서는 힘들다고 말하기가 어려워요. 왜냐하면 "네가 못해서 그런 거야."라는 말이 돌아오니까요. 그래서 우리는 자신의 실패를 사회의 구조가 아니라 개인의 능력 문제로 돌리며 자책하고 무기력해지기 쉽죠. 〈뱁새〉는 그런 성과 중심의 사고방식에 작지만 뚜렷한 반문을 던지고 있습니다. '그럼에도 나는 여기서 계속 살아갈 수 없을까?'

이대로 끝나버린대도 괜찮아. 모두 날 떠나버린대도 괜찮아
난 이곳에, 난 이곳에 남은 뱁새

이 부분은 패배자로 낙인찍히는 것을 거부하고 그 자리에 남기로 선택한 사람의 고백입니다. 성공하지 못해도, 최상위에 들지 않아도, 나는 여전히 의미 있는 존재라는 메시지를 담고 있죠.

이 노래는 어느 특정한 개인의 감정을 노래하는 것이 아닙니다. 사회가 정한 기준에 모두가 맞춰 살아야 하는 현실, 다수에게 유리한 조건을 중심으로 짜인 시스템 속에서 소외되고 밀려나는 사람들에 대한 사회적 시선으로 나아갑니다. 특히 **한때는 같은 날을 꿈꿨던 사람들**이 하나둘 곁을 떠나는 모습은 경쟁과 속도 중심의 사회에서 인간관계마저도 성과와 연결되어 흔들리는 사회적 현실을 보여줍니다.

놓지 못하겠어서 계속 쥐고 있던 건, 아마 오늘 같았던 절경

두 걸음 남은 절벽 끝의 날 잡아줬던 너

후반부에 등장하는 이 가사는 〈뱁새〉의 정서를 더욱 깊게 만듭니다. 여기서 말하는 '절경'과 '너'는 각각 삶의 끝에서 나를 지탱했던 소중한 기억과 사람을 의미해요. 모든 것을 놓고 싶다가도 마음 한편에 남은 누군가의 손길 덕분에 다시 자신의 자리로 돌아오는 순간. 우리는 그런 순간들을 마주하며 '사는 것 자체의 가치'를 발견하곤 하죠.

혹시 여러분도 뱁새처럼 느껴질 때가 있나요? 아무리 노력해도 결과가 안 나올 때, 다른 사람들과 비교해 나만 뒤처진 것 같을 때, 자신을 자꾸 미워하게 될 때……. 〈뱁새〉는 그런 우리에게 이렇게 속삭입니다.

"그래도 괜찮아. 지금 네 모습 그대로 괜찮아. 남아 있는 너는 결코 실패한 존재가 아니야."

부럽지가 않아

(2022)

노래: 장기하 | 작사: 장기하

야, 너네 자랑하고 싶은 거 있으면 얼마든지 해
난 괜찮어
왜냐면 나는 부럽지가 않어
한 개도 부럽지가 않어

어? 너네 자랑하고 싶은 거 있으면 얼마든지 해
난 괜찮어
왜냐면 나는 부럽지가 않어
전혀 부럽지가 않어

니가 가진 게 많겠니
내가 가진 게 많겠니
난 잘 모르겠지만
한번 우리가 이렇게 한번
머리를 맞대고 생각을 해보자고
너한테 십만 원이 있고
나한테 백만 원이 있어
그러면 상당히 너는 내가 부럽겠지
짜증 나겠지

근데 입장을 한번 바꿔서
우리가 생각을 해보자고

나는 과연 니 덕분에 행복할까
내가 더 많이 가져서 만족할까
아니지, 세상에는 천만 원을 가진 놈도 있지
난 그놈을 부러워하는 거야
짜증 나는 거야

누가 더 짜증 날까
널까 날까, 몰라 나는
근데 세상에는 말이야
부러움이란 거를 모르는 놈도 있거든
그게 누구냐면 바로 나야

너네 자랑하고 싶은 거 있으면 얼마든지 해
난 괜찮어
왜냐면 나는 부럽지가 않어
한 개도 부럽지가 않어

어? 너네 자랑하고 싶은 거 있으면 얼마든지 해
난 괜찮어
왜냐면 나는 부럽지가 않어
전혀 부럽지가 않어

아, 그게 다 부러워서 그러는 거지 뭐
아니, 괜히 그러는 게 아니라
그게 다 부러워서 그러는 거야

부러우니까 자랑을 하고
자랑을 하니까 부러워지고
부러우니까 자랑을 하고
자랑을 하니까 부러워지고
아주 뭐 너무 부러울 테니까

너네 자랑하고 싶은 거 있으면 얼마든지 해
난 괜찮어
왜냐면 나는 부럽지가 않어
한 개도 부럽지가 않어

어? 너네 자랑하고 싶은 거 있으면 얼마든지 해
난 괜찮어
왜냐면 나는 부럽지가 않어
전혀 부럽지가 않어

자랑과
부러움의 사회

이 노래는 '부러움'이라는 감정을 바탕으로 현대 사회가 어떻게 작동하는지를 유쾌하게 드러내고 있어요. 이 노래를 프랑스의 사회학자 장 보드리야르의 관점으로 바라보면 꽤 깊이 있는 내용들이 엿보이기 시작합니다.

보드리야르는 현대 사회를 '기호의 사회'라고 불렀어요. 그는 사람들은 더 이상 물건 자체가 주는 효용성 때문에 소비하지 않는다고 했죠. 예를 들어, 어떤 사람이 명품 가방을 사는 이유는 그 가방이 진짜로 실용적이어서가 아니라 **'그걸 가진 나'를 타인에게 보여주기 위해서**라는 거예요. 즉 현대 사회에서 소비되는 물건은 실제의 '기능'보다 기호로서의 '상징'이 중요해졌다는 말입니다. 이걸 '기호 소비'라고 해요.

이런 보드리야르의 관점에서 이 노래를 다시 보면, **너네 자랑하고 싶은 거 있으면 얼마든지 해**라는 말은 그냥 무심한 말이 아니라 자랑과 과시가 넘치는 사회에 대한 비판처럼 들려요. 자랑은 단순히 내가 좋은 걸 가졌다는 말이 아니에요. 그 속에는 '나는 이런 걸 가졌는데, 너는 못 가졌지?'라는 은근한 서열 매기기가 숨어 있습니다. 그리고 우리는 자기도 모르게 그런 구조 안에 들어가서 남을 부러워하고, 또 나도 누군가에게 자랑하려 하죠.

보드리야르는 이것을 '시뮬라크르(simulacre)'라는 개념으로 설명했어요. 시뮬라크르는 현실보다 더 현실처럼 보이지만 실제로는 가짜인 것들을 말해요. 예를 들어, SNS 속 삶을 생각해 보세요. 사진 속 그 사람은 늘 웃고, 늘 멋지게 살아가요. 하지만 그건 '진짜 삶'이라기보다는 '보여주기 위한 삶'이죠. 이런 삶이 반복되다 보면 우리는 점점 '진짜'가 뭔지 헷갈리게 돼요.

노래 속 화자는 그런 현실을 살짝 비틀어 버리는 방식으로 대응해요.

부러우니까 자랑을 하고, 자랑을 하니까 부러워지고

화자는 이 끝없는 순환을 멀찍이서 바라보며 '나는 거기에 끼지 않겠다'고 선언하는 거예요. 보드리야르의 말을 빌리면, 이 노래 속 화자는 '기호의 게임'에서 탈출하려는 인물이에요.

그리고 또 한 가지. 이 노래에서 재미있는 부분은 '돈'을 예로 드는 대목이에요.

너한테 십만 원이 있고 나한테 백만 원이 있어. 그러면

물론 백만 원을 가진 사람이 더 좋겠지만, 그 사람은 또 천만 원 가진 사람을 부러워하게 되죠. 보드리야르는 바로 이 '끝없는 상대적 비교'를 문제 삼았어요. 사람들은 더 많이 가지는 걸 원하지만,

그 욕망은 절대 채워지지 않아요. 왜냐하면 그 욕망의 대상은 실제 필요가 아니라 사회적 신호로서의 기호이기 때문이에요. 결국 노래 속 화자는 우리에게 이렇게 말하고 있어요.

"너희는 자랑해도 돼. 나는 그 게임에서 빠져 있을게."

이건 사람들에 대한 무관심이 아니라 비교와 소비가 지배하는 사회에 대한 거부이고, 동시에 자기만의 중심을 찾으려는 노력이에요. 보드리야르가 말했듯, 우리가 사회에서 자유로워지려면 이 '기호의 지배'에서 벗어나야 해요. 이 노래에서는 그걸 '부럽지가 않아'라는 말로 표현한 것이죠.

지금 우리가 사는 세상은 정말 많은 '기호'로 가득해요. 친구의 옷, 최신 스마트폰, 인스타그램 팔로워 수, 시험 점수……. 이 모든 것들이 마치 '너는 지금 어디쯤 있니?'라고 묻는 신호처럼 작용할 수 있어요. 하지만 보드리야르가 말한 것처럼, 그건 진짜가 아닐 수도 있어요. 중요한 건, 그런 기호들이 아니라 자기 자신이 무엇을 원하는지 아는 거니까요.

그러니까 여러분도 한번 생각해 보세요. '나는 진짜로 무엇을 원하고 있지?', '나는 나 자신을 어떻게 보고 있지?' 그리고 누군가가 자랑을 하더라도 속으로 이렇게 말해 보는 건 어떨까요?

"난 괜찮아. 왜냐면 나는 부럽지가 않아. 전혀 부럽지가 않아."

북극성(Never Goodbye) (2022)

노래: NCT DREAM | 작사: 황유빈 외

변해 가는 계절들을 막아줄 거란
그런 말로 너를 붙잡을 순 없지만
많은 계절을 마주칠 너에게
이 마음 하날 비춰주려 해

떠나는 걸음이, 맘이 흐려지지 않게
So please don't cry, 약속할 테니

유난히 짙고 긴 밤 견디던 어느 날
눈물을 참지 못해 문득 고개를 들면
반짝이는 별을 따라
다시 돌아올 길을 찾을 거야
It's Never Goodbye

네가 지금 가야 하는 길이
나와 엇갈릴 수도 있어
항상 같은 방향을 걸을 수 없단 걸
I know, I know, I know
함께 가는 방법을 찾을 수 없다면
너를 멀리서 늘 비춰줄 거야

난 그대로야 여전해, Like a photo

시간은 근데 그렇지 않더라고
이거 듣고 기억들을 간지럽혀
I see you, 눈을 감아도
You know that's not normal for you
I'm not normal

잠시 놓쳐도 단번에 찾을 수 있게
그 자리에서 기다릴게
우린 It's Never Goodbye
다시 돌고 돌아 어둠 속에서
내가 너를 알아보듯 언젠가
Find me please

멈춰 선 내 맘이 다시 달려가지 않게
So please don't cry, 약속할 테니

유난히 짙고 긴 밤 견디던 어느 날
눈물을 참지 못해 문득 고개를 들면
반짝이는 별을 따라
다시 돌아올 길을 찾을 거야
It's Never Goodbye

언젠가 나에게 돌아오는 날
한걸음에 널 마중 갈게
You were, you are, you and I
항상 함께일 거야

그때는 엇갈리지 마

유난히 짙고 긴 밤 견디던 어느 날
눈물을 참지 못해 문득 고개를 들면
반짝이는 별을 따라
다시 돌아올 길을 찾을 거야
It's Never Goodbye

You never say goodbye
같은 시간, 같은 자리, 같은 공간 속
밝혀줘, 어둠 속 Starlight
너로 인해 나의 하나뿐인 별자리가
완성되어 가길 바라

불안해하지 마, 난 너를 보고 있어
같이 있던 밤 기억하고 있어
낯선 길을 걸을 땐 고개를 들어
저 별을 바라봐

- It's Never Goodbye (결코 이별이 아니야)

- You know that's not normal for you (나에게 너뿐이란 걸 알잖아)

- I'm not normal (난 너뿐이야)

- You were, you are, you and I (너와 나는 늘 함께야)

- You never say goodbye (이별이라고 말하지 마)

- Starlight (별빛)

너의 길을
비추는 별

우리는 종종 삶의 길을 잃어요. 일상에서의 고민, 친구들과의 갈등, 혼자일 때 느끼는 외로움과 막막함……. 앞으로 나아가야 하는 방향이 잘 보이지 않을 때, 누구나 한 번쯤은 밤하늘을 올려다본 적 있을 거예요. 〈북극성〉은 그러한 순간을 마주한 이들에게 건네는 선물 같은 노래입니다.

노래의 제목인 '북극성'은 하늘에서 늘 같은 자리에 떠 있는 별이에요. 그래서 예로부터 사람들은 어둠 속에서도 북극성을 올려다보며 길을 찾았죠. 이 노래 속 화자도 그 북극성처럼 누군가에게 길잡이가 되어주고 싶어 합니다.

같이 있던 밤 기억하고 있어

낯선 길을 걸을 땐 고개를 들어 저 별을 바라봐

이 구절에는 사랑하는 사람의 앞날을 응원하는 마음, 멀리서라도 그 사람의 삶을 비춰주고 싶다는 바람이 담겨 있습니다.

프랑스의 철학자 에마뉘엘 레비나스는 **타인을 얼굴로 마주하는**

순간 우리는 윤리적인 책임을 느낀다고 말했어요. 이때 '얼굴'은 외적인 모습을 말하는 것이 아니라, 그 사람의 고유한 존재 자체를 의미해요. 타인의 존재가 나에게 말을 걸고, 나를 멈추게 하고, 나를 생각하게 만드는 순간, 우리는 '나'가 단독으로 존재하는 게 아니라 누군가와 연결된 존재임을 깨닫게 됩니다. 레비나스는 그 깨달음을 '타자에 대한 책임'이라고 불렀어요.

〈북극성〉은 바로 이런 책임의 감정에서 출발합니다.

함께 가는 방법을 찾을 수 없다면 너를 멀리서 늘 비춰줄 거야

이 말은 이별의 순간에 내뱉는 흔한 작별 인사가 아니에요. '나는 네가 어디에 있든, 어떻게 살아가든 끝까지 널 생각하고 응원할게.'라는 의미를 내포합니다. 여기에서 느낄 수 있는 화자의 마음은 사랑이라기보다는 책임에 가까워요.

레비나스는 **타자를 위한 책임은 선택이 아니라 피할 수 없는 것**이라고 했습니다. 여기서 '책임'은 우리가 다른 사람을 마주할 때 자연스럽게 생겨나는 도덕적 책임을 뜻해요. 예를 들어, 길에 누군가가 다쳐서 쓰러져 있다면 '도와줄까 말까' 고민하기 전에 우리는 이미 그 사람에게 책임을 느끼게 됩니다. 그 사람의 얼굴을 보는 순간 '저 사람을 외면하면 안 돼.'라는 마음이 생겨나지요. 레비나스는 바로 이 순간을 중요하게 봤어요. 그는 우리가 선함을 자유롭게 선택하는 것이 아니라, 누군가가 나에게 다가오면 그 존재 자체가 나에게 책임을 부여한다고 했습니다. 즉 타인을 향한 책임은 내가 원해서 생기는 것이 아니라, 인간으로서 살아가는 데 피할 수 없이 따라

오는 기본적인 윤리라는 것이죠. 이 책임은 부담이 아니라 인간다움의 시작이라고 할 수 있습니다.

이 노래 속 화자도 마찬가지예요.

멈춰 선 내 맘이 다시 달려가지 않게

So please don't cry, 약속할 테니

이 부분에는 떠나는 이의 슬픔을 덜어주려고 자신의 감정을 뒤로 숨기겠다는 다짐이 담겨 있습니다. 더는 함께하지 못하는 슬픔보다 떠나는 사람의 마음이 흐려지지 않도록 먼저 배려하는 마음. 이것이 레비나스가 말한 윤리적 관계의 핵심이에요.

여러분도 이런 감정을 경험해 본 적이 있을 거예요. 어쩔 수 없이 친구나 동료, 사랑하는 사람과 헤어지거나 멀어지는 일이 생기니까요. 그것을 거스를 수 없을 때, 우리는 그 사람이 잘 살아가길 바라고, 언젠가 다시 만날 수 있기를 말없이 기다립니다. 그 기다림은 그냥 흘려보내는 시간이 아니라, 마음속에서 그 사람을 계속 기억하고 응원하고 빛을 보내는 시간이에요.

You were, you are, you and I

항상 함께일 거야

이 가사처럼, 함께한 시간은 여전히 나의 일부로 남아 나를 이루는 조각이 됩니다. 레비나스는 이런 관계를 '나는 너로 인해 나 자신이 된다'는 말로 설명했어요. 타인과의 관계는 나를 고립시키지 않을뿐더러 더 성숙한 나를 만들어 준다는 뜻이죠. 〈북극성〉이 전하는 메시지도 이와 닿아 있습니다. 함께하지 못하는 순간에도 누군가를 깊이 사랑하고 책임지는 그 마음이 나를 더 어른스럽고 인간적인 존재로 만들어 주는 거예요.

〈북극성〉은 지금 이별을 겪었거나 이별 뒤에 혼란과 방황에 빠져 있을 이들에게 이런 위로의 메시지를 전해 줍니다.

'괜찮아. 네가 어디에 있든 네가 길을 잃지 않도록 내가 여기에서 빛나고 있을게.'

그렇게 말해 주는 친구, 가족 혹은 동료가 있다는 걸 느끼게 해주죠. 그리고 어쩌면 이 노래 속 '북극성'은 누군가의 마음에 남아 있는 따뜻한 기억일지도 몰라요. 여러분도 누군가에게 그런 별이 되어줄 수 있어요. 그리고 여러분이 길을 잃은 밤에 이 노래가 작은 별빛이 되어줄지도 모릅니다.

네모의 꿈 (2025)

노래: 아이유 | 작사: 유영석

네모난 침대에서 일어나 눈을 떠 보면
네모난 창문으로 보이는 똑같은 풍경
네모난 문을 열고 네모난 테이블에 앉아
네모난 스마트폰 본 뒤

네모난 책가방에 네모난 책들을 넣고
네모난 버스를 타고 네모난 건물 지나
네모난 학교에 들어서면 또 네모난 교실
네모난 칠판과 책상들

네모난 오디오
네모난 컴퓨터, TV
네모난 달력에 그려진 똑같은 하루를
의식도 못 한 채로
그냥 숨만 쉬고 있는걸

주위를 둘러보면
모두 네모난 것들뿐인데
우린 언제나 듣지
잘난 어른의 멋진 이 말
'세상은 둥글게 살아야 해'

지구본을 보면
우리 사는 지구는 둥근데
부속품들은 왜 다
온통 네모난 건지 몰라
어쩌면 그건
네모의 꿈일지 몰라

네모난 아버지의 지갑엔 네모난 지폐
네모난 팸플릿에 그려진 네모난 학원
네모난 마루에 걸려 있는 네모난 액자와
네모난 명함의 이름들

네모난 스피커 위에 놓인 네모난 테이프
네모난 책장에 꽂혀 있는 네모난 사전
네모난 서랍 속에 쌓여 있는 네모난 편지
이젠 네모 같은 추억들
네모난 태극기 하늘 높이 펄럭이고
네모난 잡지에 그려진 '이달의 운수'는
희망 없는 나에게
그나마의 기쁨인가 봐

주위를 둘러보면
모두 네모난 것들뿐인데
우린 언제나 듣지
잘난 어른의 멋진 이 말
'세상은 둥글게 살아야 해'

지구본을 보면
우리 사는 지구는 둥근데
부속품들은 왜 다
온통 네모난 건지 몰라
어쩌면 그건
네모의 꿈일지 몰라

금언에 갇힌
네모의 꿈

이 노래를 듣고 있으면 마치 우리 일상이 하나의 도형처럼 보입니다. 침대도, 창문도, 스마트폰도, 지갑도, 심지어 추억들까지 전부 네모예요. 학교, 교실, 칠판, 책상, 사전, 명함, 책가방, 그리고 운수와 희망까지지도. 이 노래는 너무도 익숙한 우리의 하루를 낯설게 만듭니다. 그리고 그 낯섦 속에서 이렇게 묻습니다.

'왜 우리는 둥근 세상에서 네모처럼 살아가는 걸까?'

이 질문은 철학사 헤르베르트 마르쿠제가 평생에 걸쳐 던졌던 질문과 맞닿아 있어요. 마르쿠제는 **현대 산업사회가 사람들을 획일화하고 기계화하며 창의적인 생각을 마비시키는 방식으로 작동한다**고 보았습니다. 겉으로는 풍요롭고 편리해 보이지만, 실제로는 개인의 생각과 감정을 점점 네모난 틀 안에 가두고 있다는 것이죠.

〈네모의 꿈〉은 바로 그런 현실을 이야기하고 있어요. 우리는 네모난 버스를 타고, 네모난 교실에서 공부하며, 네모난 스마트폰을 들여다봅니다. 매일 아침 눈을 뜨고 잠자리에 들 때까지 마주하는 모든 것이 '각진 틀' 안에 있어요. 심지어 시간조차 '네모난 달력'에 갇혀 있죠.

마르쿠제는 이런 현상을 '일차원적 인간'이라는 개념으로 설명했어요. 그는 사람들이 사회가 만들어 놓은 틀에 순응하면서 스스로 문제를 느끼지도 못하고 비판도 하지 않는 상태가 가장 위험하다고 했습니다.

의식도 못 한 채로 그냥 숨만 쉬고 있는걸

이 구절은 마르쿠제가 경고한 바로 그 상태를 보여주는 듯합니다.

그렇다면 왜 세상은 우리에게 '둥글게 살아야 한다'고 하면서도 실제로는 네모난 틀 안에 우리를 가두는 걸까요? 마르쿠제에 따르면, 현대 사회는 사람들이 너무 많이 생각하거나 질문하지 않기를 원해요. 그 대신 정해진 규칙, 정해진 생활, 정해진 길을 따라가도록 만들죠. 그게 바로 '관리된 자유'라는 거예요. **겉으로는 자유로운 것 같지만, 실제로는 모두 똑같은 방식으로 살아가게 만드는 사회 구조**라는 것이죠. 이 노래 속 화자는 그런 구조를 비판하면서도, 동시에 그 안에서 작게나마 자신만의 꿈을 꾸고 싶은 마음을 드러냅니다.

왜 이렇게 네모난 것들뿐일까?

왜 우리는 둥글게 살아야 한다는 말만 듣고, 실제로는 네모에 갇혀 살아갈까?

마르쿠제는 예술과 상상력이 이런 질문을 가능하게 해준다고 말했어요. 그리고 진짜 변화는 상상력에서 시작된다고 믿었죠. 〈네모의 꿈〉은 우리 안에 잠들어 있는 질문의 씨앗을 깨우고, 우리가 그

동안 너무 익숙해서 지나쳤던 '네모'들을 다시 보게 해줍니다.

여러분도 하루하루 똑같이 반복되는 생활 속에서 답답함을 느낀 적이 있나요? 스마트폰, 성적표, 교실, 시간표…… 모든 것이 정해진 네모들 속에 갇혀 있는 것 같지 않나요? 하지만 여러분에게는 상상할 자유가 있어요. 세상이 "이게 정답이야!"라고 말할 때도 우리는 얼마든지 '다른 답'을 찾을 수 있습니다. 그 답들이 분명 이 네모난 세상에 균열을 만들어 낼 시작이 될 거예요.

섬 (2022)

노래: 윤종신 | 작사: 윤종신

거침없던 상상들, 늘 맞을 것만 같던 결정들
이젠 불확신의 속내를 숨기네
난 어느새 멈춰 서서 세상의 속도를 구경해
따라가기엔 저 멀리

날 기대던 사람들, 늘 내게 답을 구했던 질문들
이젠 다들 알아서 잘해 나가네
다 고마워, 함께했던 나와의 시간이 조금이나마
너의 삶에 도움 됐길 바랄게

나 가까이 떠 있는 섬이 될게
날 좋으면 작은 배를 타고 내게 와줘
너만 와, 모두의 얘기는 자신이 없어
둘이 나눈 소소한 비밀
이 섬만의 꽃들이 될 거야

자, 가끔 손 흔들어 줄래, 섬을 향해
거기 가쁜 숨을 한번 돌리고 싶을 때
사랑해, 멀리 떨어져 얼굴 못 보아도
너도 언젠가 너만의 섬으로 나를 초대할 거야

설득하지 않아도, 막 우기지 않아도 되는 생각들

우린 진작 알았지, 섬으로 갈 걸
다 다르던 세상, 서로 끄덕였던 놀라운 만남이
얼마나 소중한지 이젠 알아

나 가까이 떠 있는 섬이 될게
날 궂으면 다음 배를 타고 내게 와줘
너만 와, 모두의 얘기는 자신이 없어
우리만이 통했던 말들
이 섬만의 언어가 될 거야

자, 가끔 손 흔들어 줄래, 섬을 향해
거기 지친 몸을 쉬게 해주고 싶을 때
사랑해, 멀리 떨어져 얼굴 못 보아도
너도 언젠가 너만의 섬으로 나를 초대할 거야

살아줘, 기억해, 들려줘
그때 너의 섬에서

나만의 섬을
품은 삶

이 노래는 마치 우리가 한 시절을 건너온 후 조용히 자신을 돌아보며 남긴 회고록처럼 느껴져요. 이 노래에는 '섬'이라는 특별한 상징이 반복적으로 등장합니다.

> **나 가까이 떠 있는 섬이 될게**
>
> **너도 언젠가 너만의 섬으로 나를 초대할 거야**

여기서 말하는 '섬'은 외로움이나 고립이 아닌 존중과 이해, 서로를 위한 공간으로 읽을 수 있어요. 철학자 에마뉘엘 레비나스는 **우리가 진정한 관계를 맺으려면 타자의 고유함을 침해하지 않는 윤리적 태도가 필요하다**고 말했어요. 레비나스는 인간관계의 출발점은 '나'가 아니라 '타인'이며, 윤리란 바로 그 타인을 먼저 생각하는 태도라고 강조합니다. 상대방이 어떤 존재인지를 마음대로 판단하거나 바꾸려 하기보다는, 그 사람이 그 사람답게 존재할 수 있도록 적절한 거리를 허락하는 것이 바로 윤리적 태도라는 것이죠.

노래 속 화자는 이렇게 말합니다.

날 좋으면 작은 배를 타고 내게 와줘

날씨가 좋으면, 즉 상황이 괜찮으면(충분히 마음의 준비가 되었다면) 와달라는 것은 상대를 배려하고 기다려 주는 태도입니다. 강요하지 않고 타인의 자유를 지켜주는 매너 있는 모습이죠.

그리고 이 노래는 삶이 흔들릴 때 우리가 어떻게 의미를 찾아야 하는지도 이야기해요. 철학자 빅토르 프랭클은 **삶은 끊임없이 질문을 던지는 과정이고, 인간은 그 질문에 스스로 답해야 하는 존재**라고 말했어요. 다시 말해, 삶의 고단함이나 예측할 수 없는 변화는 누구에게나 찾아오지만, 그 순간에 어떤 의미를 선택하느냐가 중요하다는 것이죠.

이 노래 속 화자도 그런 순간을 겪고 있어요.

날 기대던 사람들, 내게 답을 구했던 질문들이

이젠 다들 알아서 잘해 나가네

이 부분은 과거의 자신과 현재 상황과의 괴리를 보여줘요. 하지만 그 변화 속에서 스스로 '섬'이 되기로 한 선택, 그것이 바로 프랭클이 말한 의미 있는 태도예요. 또 이 부분에는 화자의 변화와 성장에 대한 인식이 드러나요. 예전만큼 자신의 역할이나 존재감이 크지 않다는 이른바 '현타'의 순간을 표현한 것이지만, 거기에는 서운함보다 상대에 대한 따뜻한 응원이 깔려 있어요. 상대방이 나를 떠나 자신의 길을 찾아가는 모습을 '자립'으로 바라보고 그 변화까지도 응원하고 있죠. 누군가가 떠났다고 허무해하는 것이 아니라 "나는 여전히 기다릴 준비가 되어 있어."라고 말하는 순간, 프랭클의 말처럼 그 삶은 또 다른 의미를 갖게 되는 거예요.

그리고 이 구절도 인상적입니다.

설득하지 않아도, 막 우기지 않아도 되는 생각들

세상에는 너무 많은 목소리, 너무 많은 기준이 있어요. 성적, 진로, 외모, 성격, 취향, 사상……. 그리고 어떤 이들은 자꾸 '이게 맞다'고 강요하죠. 그런데 그 말들이 때론 나의 진짜 생각이나 감정을 억지로 밀어내게 만들기도 해요. 이럴 때 '섬'은 어떤 역할을 할 수 있을까요?

섬은 잠시 세상과 나 사이에 필요한 거리를 만들어 주는 곳이에요. 자신의 생각을 혼자서 정리할 수 있는 공간인 동시에, 무엇이 나에게 소중한지 돌아볼 수 있는 시간과 설득당하지 않고 내 감정을 바라볼 수 있는 여유를 주는 곳이죠. 그런 섬이 없다면, 우리는 자꾸만 누군가의 기대나 평가에 떠밀려 자기 자신을 잃어버리게 돼요. 그래서 이 노래의 후반부에서 화자는 이렇게 말합니다.

가끔 손 흔들어 줄래, 섬을 향해

거기 지친 몸을 쉬게 해주고 싶을 때

여러분에게도 지친 몸을 쉬게 해줄 섬이 하나쯤 있었으면 좋겠어요. 어떤 날은 누군가에게 가 닿을 수도 있고, 어떤 날은 혼자만의 세계에 머무를 수도 있겠죠. 중요한 건, 그 섬이 외로운 공간이 아니라 나를 지켜주는 곳이라는 사실이에요.

낙화 (2024)

노래: 루시 | 작사: 조원상

아련히 피워낸 열(熱)
눈부신 다짐도
꽃이 지듯 시들어 가겠지
아름답단 말처럼
내 모습 이대로 심어둔 우리를
기억하겠다 해줘
난 새하얀 눈이 되어
어딘가로 흩어질 거야
그 장면 안에도 네가 미소 짓기를

바람아, 네가 보여준 이 세상은
꽃잎들이 모여 세상을 밝히더라
시간 따라 다다른 이 순간은
작은 티끌 하나, 하나라도 없었다면
보지 못했을 이야기

'피다'의 반대말은 '지다'가 아냐
너를 봐봐, 얼마나 예쁜지
난 아지랑이 속에
뛰놀던 우리를 본 것만 같아
선잠의 꿈이라도
이유가 되니까, 네가

바람아, 네가 보여준 이 세상은
꽃잎들이 모여 세상을 밝히더라
시간 따라 다다른 이 순간을
기억해 낼 거야, 분명

난 나는 게 아닌
그저 떨어지던 걸지도 몰라
언젠가 너 앞에 또다시 피울게

바람이 내게 보여준 이 세상은
반딧불이 모여 꽃잎이 돼주더라
시간 따라 다다른 이 따스함은
놓지 않을 기억

그날에 너와 나
시작의 해로 다시 돌아간대도
몇천 번이라도 같은 길을 걸어가리

우릴 함께 날아오르게 해줬던
나의 봄바람아
다시 만나게 되면
또 어디론가 데려가 줘

지는 꽃에
새겨진 기억들

누구나 한 번쯤, 간절하게 품었던 꿈이나 다짐이 시간이 지나며 희미해지는 걸 느낀 적이 있을 거예요. 〈낙화〉는 그런 '피어났다가 스러지는 감정'을 이야기하는 노래입니다. 이 노래를 듣고 있으면 마치 우리가 지나온 계절, 누군가와의 추억, 말하지 못한 마음까지 전부 꽃처럼 피었다가 지는 듯한 기분이 들죠. 그런데 꽃이 지는 일이 슬프기만 한 걸까요?

프랑스의 철학자 모리스 메를로퐁티는 우리 삶을 **몸으로 살아가는 것**이라고 말했어요. 여기서 '몸'이라는 건 우리가 보고 듣고 느끼는 모든 감각을 포함한 '살아 있는 나 자신'을 말해요. 그러니까 우리는 단순히 머리로 생각만 하는 존재가 아니라, 몸으로 세상과 부딪치고 경험하면서 살아간다는 뜻이죠.

메를로퐁티는 기억이 감각과 연결되어 있다고 했어요. 예를 들어, 어떤 냄새를 맡고 나서 갑자기 초등학교 시절의 추억이 떠오른다거나, 어떤 음악을 듣고 누군가의 모습이 생각났다거나 하는 경험이 있을 거예요. 이처럼 우리의 기억은 단순히 머릿속에 저장된 정보가 아니라 그 순간의 느낌, 분위기, 감정이 몸 전체에 새겨진 감각의 흔적이에요.

이 개념을 〈낙화〉에 비춰 볼 수 있어요.

아지랑이 속에 뛰놀던 우리를 본 것만 같아

선잠의 꿈이라도 이유가 되니까

이 부분은 단순히 과거의 장면을 떠올리는 것이 아니에요. 몸으로 느껴서 기억된 감정, 그 따뜻하고 흐릿한 느낌을 표현하고 있는 거예요. 예를 들어, 봄날 햇살 아래에서 친구와 웃으며 놀았던 기억이 있다면 그 장면이 또렷하게 떠오르진 않더라도 그때 느꼈던 즐거움이나 설렘은 지금도 생생하게 느껴질 수 있잖아요. 바로 그런 감정의 기억을 말하는 거예요.

어떤 기억은 말이나 영상보다 피부로 느꼈던 촉감, 바람의 온도, 햇살의 따스함처럼 감각을 통해 우리 안에 남는다는 게 메를로퐁티의 생각입니다.

그래서 이 노래는 과거를 단순히 '생각나는 일'로 다루는 게 아니라, 지금의 나에게 여전히 영향을 주고 있는 살아 있는 기억으로 표현하고 있어요. 아지랑이처럼 흐릿하지만 분명히 있었던, 그리고 여전히 나를 따뜻하게 해주는 감정 말이에요.

또 노래 속 화자는 이렇게 말해요.

'피다'의 반대말은 '지다'가 아냐

너를 봐봐, 얼마나 예쁜지

여기에는 중요한 삶의 시선이 담겨 있어요. 꽃이 지는 건 안타깝고 슬픈 일일 수도 있지만, 그것은 끝이 아니라 새로운 시작을 위한 준비라는 관점이죠. 꽃이 지고 그 자리에 떨어진 꽃잎은 흙이 되고, 이 흙은 다음에 다시 꽃을 피우게 해주는 밑거름이 되니까요. 그러니 지금 지는 감정, 흩어지는 관계, 사라지는 꿈이 있다 해도 그건 무의미한 게 아니에요.

노래 후반에는 이런 구절이 나와요.

난 나는 게 아닌 그저 떨어지던 걸지도 몰라

언젠가 너 앞에 또다시 피울게

이건 우리 삶에서 느끼는 무력감과 동시에 다시 시작할 수 있는 용기에 대한 말이라고 볼 수 있어요. 때로 우리는 자신이 멋지게 날아다니는 존재가 아니라 그냥 떨어지는 존재인 것처럼 느껴질 수 있어요. 하지만 떨어진 그 자리에서 다시 피어날 수 있다면 그것도 아름다운 일이겠죠.

메를로퐁티는 **우리 삶에는 항상 다시 연결될 가능성, 다시 만날 여지가 있다**고 했어요. 그래서 우리는 언제 어디서든 다시 시작할 수 있죠.

그리고 이 노래는 '세상 돌아가는 이치'에 대해서도 넌지시 이야기해요. 꽃은 피고 지고 다시 피어요. 사람의 마음도 비슷하죠. 설레고, 슬퍼지고, 다시 따뜻해지기도 하니까요. 그리고 세상은 늘 흐르고 변해요. 중요한 건 그 흐름을 거스르며 버티는 게 아니라, 그 흐름 속에서 나만의 속도와 나만의 감각으로 살아가는 거예요. 그러니까 지금 이런저런 이유로 지치고 힘들다 해도 그건 자연스러운 삶의 과정이에요. 그럴 때 잠시 쉬어 가는 것도, 조용히 침묵하는 것도 결코 잘못된 게 아닙니다.

만년설(Everlasting) (2025)

노래: 엔플라잉 | 작사: 이승협 외

너를 위해 할 수 있는 일이 내게 있다면
몇 번의 계절이 지나도
변하지 않는 눈처럼 꽃처럼
너는 본 적 없는
진정한 행복을 주고 싶어

작은 기다림도 놓치지 않을게
얼마나 걸려도 난 괜찮아
아침 해와 같이 뜬 달처럼 소중한
몇 번 없는 순간일까

아니야, 무서웠던 하루였어
눈보라처럼
도착한 나의 품을 데우며
괜찮아, 잠시뿐일 감기처럼
열이 나는 거야
그제서야 녹을 거야

너를 위해 할 수 있는 일이 내게 있다면
몇 번의 계절이 지나도
변하지 않는 눈처럼 꽃처럼
너는 본 적 없는

진정한 행복을 주고 싶어

너의 작은 웃음도 놓치지 않을게
별은 매번 뜨지 않으니까
너의 점과 나의 점을 이어나가서
새로운 별자리가 되자

오늘은 무서웠던 설인을 만나
도망을 쳤어
도착한 나의 품을 데우며
괜찮아, 잠시뿐일 감기처럼
다 지나갈 거야
그제서야 녹을 거야

너를 위해 할 수 있는 일이 내게 있다면
몇 번의 계절이 지나도
변하지 않는 눈처럼 꽃처럼
너는 본 적 없는
진정한 행복을 주고 싶어

함께 눈보라를 맞아보고
저 멀리 도망도 쳐보자

하나도 무섭지 않아
곁에 있으니까
하얀 눈 속에 피어난 작은 꽃들처럼
소중한 행복이 되어줄 거야

너를 위해 할 수 있는 일이 내게 있다면
몇 번의 계절이 지나도
변하지 않는 눈처럼 꽃처럼
너는 본 적 없는
진정한 행복을 주고 싶어
소중한 행복이 되고 싶어

항상 네 맘에 변함없는 나로 살고 싶어
만년이라는 시간이 참 무색하도록
하나씩 하나씩 더 쌓아나가자
소중한 우리의 추억들을

영원히
변하지 않는 마음

혹시 누군가를 진심으로 위해 주고 싶었던 순간이 있었나요? 그 사람이 웃었으면 좋겠고, 행복했으면 좋겠고, 조금이라도 마음이 편해졌으면 좋겠다고 생각한 순간 말이에요. 〈만년설〉은 바로 그런 진심 어린 마음을 담은 노래예요. 그리고 그 마음은 철학적으로도 꽤 깊은 의미가 있답니다.

노래 첫 부분은 '시간이 지나도 변하지 않는 마음'을 이야기해요. 독일의 철학자 마르틴 부버는 인간의 관계를 '나-그것(I-It)'과 '나-너(I-Thou)'로 구분했어요. '나-그것'은 상대를 도구나 역할로만 보는 관계, 예를 들어 상대방을 친구가 아니라 '공부 잘하는 아이' 혹은 '유용한 정보를 주는 사람' 등으로 여기는 태도예요. 반면, '나-너' 관계는 상대를 목적이 아닌 존재 그 자체로 존중하고 받아들이는 깊은 만남이에요.

〈만년설〉 속 화자는 '나-너'의 마음을 품고 있어요. 상대가 기쁘면 기쁘고, 상대가 아프면 같이 아픈 마음. 무엇을 얻기 위해서가 아니라 단지 '그 사람이 행복하길' 바라는 사랑이죠. 이건 이기적인 감정이 아니라 **고유한 존재 자체를 소중히 여기는 태도**예요. 부버는 이런 관계 속에서만 진정한 인간다움이 생겨난다고 말했어요. '너'를 만나는 순간, 우리는 미처 몰랐던 '나'를 발견하게 되거든요.

이 부분은 시련과 고난도 함께할 수 있다는 화자의 '의리'를 보여줘요. 이 또한 '나-너' 관계의 중요한 특징이죠. 표면적인 관계는 어려움이 생기면 쉽게 끊어지지만, 깊은 관계는 오히려 함께 고통을 견디며 더 깊어집니다. 부버는 **모든 참된 삶은 만남에 있다**고 했어요. 누군가와 진심으로 마주하고 마음을 나눌 때 비로소 '살아 있는 관계'가 된다는 말입니다.

또 이 노래는 '변하지 않는 것'에 대한 소망을 담고 있어요.

'만년설'은 높은 산에 쌓여 쉽게 녹지 않는 눈을 뜻해요. 뜨거운 햇살에도 버티고 버티는 만년설처럼, 이 노래는 쉽게 사라지지 않는 감정, 쉽게 흔들리지 않는 사랑 혹은 우정을 그리고 있어요. 하루에도 몇 번씩 마음이 바뀌고 사람 관계도 자주 엇갈리지만, 누군가와 함께 겪은 따뜻한 순간들은 마치 만년설처럼 우리 안에 오래 남게 돼요.

너의 점과 나의 점을 이어나가서 새로운 별자리가 되자

이 구절도 참 인상적이에요. 우리는 모두 혼자인 것 같지만, 어떤 만남은 서로의 삶을 연결하고 새로운 의미를 만들어 냅니다. 마치 별 하나하나가 모여 하나의 별자리를 이루듯, 함께하는 시간이 우리에게 또 다른 형태의 '자아'를 만들어 주기도 하죠. 부버는 **인간은 '너'와의 관계 속에서만 진정한 '나'가 된다**고 했어요. 우리는 서로를 통해 서로를 만들어 가는 존재이기 때문에 그렇습니다.

이 노래는 청소년의 일상과도 닮아 있어요. 매일 반복되는 수업, 시험, 친구 문제, 가족과의 갈등 사이에서도 문득 누군가에게 마음이 쓰이고 잘해 주고 싶은 감정이 생기잖아요. 그건 단순한 호의가 아니라 '누군가를 위한 내가 되고 싶다'는 꽤 철학적인 마음이에요. 그 마음이 계속 이어질 수 있다면 우리는 누군가에게 '눈처럼 꽃처럼' 다정한 존재가 될 수 있습니다.

〈만년설〉 속 화자는 '너'에게 진정한 행복을 주고 싶다고 말해요. 진정한 행복을 주고 싶다는 건 대단한 선물을 하고 싶다는 뜻이 아니라, 계속 곁에 있어주고 싶고, '사라지지 않는 마음'을 건네고 싶다는 의미죠. 눈처럼 조용히 쌓이고, 꽃처럼 아름답게 피어나며, 결국에는 만년설처럼 깊고 오래 남는 감정. 그게 바로 이 노래가 전하는 사랑의 방식이에요.

케이팝, 철학을 만나다

1판 1쇄 발행일 2025년 10월 27일

지은이 공규택

발행인 김학원
발행처 (주)휴머니스트출판그룹
출판등록 제313-2007-000007호(2007년 1월 5일)
주소 (03991) 서울시 마포구 동교로23길 76(연남동)
전화 02-335-4422 **팩스** 02-334-3427
저자·독자 서비스 humanist@humanistbooks.com
홈페이지 www.humanistbooks.com
유튜브 youtube.com/user/humanistma
페이스북 facebook.com/hmcv2001
인스타그램 @humanist_insta

편집책임 문성환 **편집** 윤무재 **디자인** 박인규 스튜디오 forb
조판 아틀리에 **용지** 화인페이퍼 **인쇄** 청아디앤피 **제본** 민성사

ISBN 979-11-7087-384-6 43100